上海教育丛书

特色高中系列

创意素养培育的田园探索

陆振权 著

上海教育出版社
SHANGHAI EDUCATIONAL
PUBLISHING HOUSE

文创,让生活更美好

　　创意的前提是文化,而文化的前提是文明,文明的前提是自觉。当一个人自觉去追求文明时,他才会主动关注文化,用文化点燃创意,用创意追求美好,用美好照亮人生。

总　序

　　建设一流城市,需要一流教育。办好教育,最根本的是要建设好教师队伍和学校管理干部队伍。

　　在长期的教育实践中,上海市涌现了一大批长期耕耘在教育第一线呕心沥血、努力探索,积累了丰富经验的优秀教师;涌现了一批领导学校卓有成效,有思想、有作为的优秀教育管理工作者。广大优秀教育工作者教育教学和管理工作的经验,凝聚着他们辛勤劳动的心血乃至毕生精力。为了帮助他们在立业、立德的基础上立言,确立他们的学术地位,使他们的经验能成为社会的共同财富,1994年上海市领导决定,委托教育部门负责整理这些经验。为此,上海市教育局、上海市中小学幼儿教师奖励基金会组织成立《上海教育丛书》编辑委员会,并由吕型伟同志任主编,自当年起出版《上海教育丛书》(以下称《丛书》)。1995年上海市教育委员会成立后,要求继续做好《丛书》的编辑出版工作。2008年初,经上海市教育委员会领导同意,调整和充实了《丛书》编委会,并确定夏秀蓉同志任执行主编,协助主编工作。2014年底,经上海市教育委员会领导同意,调整和充实了《丛书》编委会,确定尹后庆同志担任主编。《丛书》的内容涵盖了基础教育和中等职业教育的各个方面,包含有较高理论水平和学术价值的著作,涉及中小学教育、学前教育、师范教育、职业教育、校外教育和特殊教育,以及学校的领导管理与团队工作,还有弘扬祖国优秀文化、促进国际教育交流等方面的著作,体现了上海市中小学教育改革与发展的轨迹,体现了上海市中小学教育办学的水平与质量,体现了优秀教师和教育工作者的先进教育思想与丰富的实践经验。《丛书》出版后,受到广大教师、教育工作者及社会的欢迎。

为进一步搞好《丛书》的出版、宣传和推广工作,对今后继续出版的《丛书》,我们将结合上海教育进入优质均衡、转型发展新时期的特点,更加注重反映教育改革前沿的生动实践,更加注重典型性、实用性和可读性。希望《丛书》反映的教育思想、理念和观点能起到抛砖引玉的作用,引发大家的思考、议论和争鸣;更希望在超前理念、先进思想的统领下创造出的扎实行动和鲜活经验,能引领当前的教育教学改革工作,使《丛书》成为记录上海教育改革历程和成果的历史篇章,成为广大教师和教育工作者的良师益友。限于我们的认识和水平,《丛书》会有疏漏和不尽如人意之处,诚恳地希望广大读者提出宝贵意见,帮助我们共同把《丛书》编好。

《上海教育丛书》编委会

前　言

党的二十大报告指出要文化强国,要繁荣发展文化事业和文化产业。在人民群众对美好生活的向往中,包含着追求更有质量的生活、更高文化发展的水平,满足更多的精神需要。而拥有五千年悠久历史的中华文明,蕴藏着深厚的文化内涵,如何伴随人类的精神文明迈步进入新的时空?文化创意产业高质量发展成为必然追求。

文创是文化创意产业(The Cultural and Creative Industries)的简称,也称文创产业,是20世纪60年代在欧美发达国家得以萌生和不断发展的产业。它主要包括视觉艺术产业、音乐及表演艺术产业、文化资产应用及展演设施产业、工艺产业、电影产业、广播电视产业、出版产业、广告产业、产品设计产业、视觉传达设计产业、设计品牌时尚产业、建筑设计产业、数位内容产业、创意生活产业、流行音乐及文化内容产业等。

习近平总书记在全国教育大会上明确指出:"要全面加强和改进学校美育,坚持以美育人、以文化人,提高学生审美素养和人文素养。"文创素养培育中,文化是基础,创意是核心,审美是追求。文创素养融文化理解、创意表达、审美情趣于一体。文创素养的培育涉及审美素养、人文素养、创新意识的培育,这与中国学生核心素养培育的三个方面(即文化基础、自主发展、社会参与)是一致的。其中,文化基础是指学生所学的文化知识;自主发展是指学生融合各类知识,创新而物化地表达自己的理想追求;社会参与是指经过内化的知识与社会需求契合,把知识、智慧、审美和灵感在特定产品中表现出来,美化生活,造福社会。文创素养的个性化表达成为人们的生活方式,所以,随处可见的文创产品是"文创,让生活更美好"的现实表现。

由此可见,文化创意至少包含了文化知识、创新意识、审美情趣、艺术表达四个基本元素,这样才能产生文创产品,来满足人民群众更美好的生活追求。北京外国语大学附属上海闵行田园高级中学(以下简称北外附属田园高中或爱称田园)在遵循党的教育方针,促进学生全面发展的基础上,以培育学生文创素养为特色开展办学实践探索,重视学生以文化知识为基础、创意素养为核心、审美情趣为追求,创造美好生活的能力。学校教育全面育人和特色育人有机融合,学生全面发展与个性发展有机统一,这也是北外附属田园高中把文创作为办学特色、积极创建"上海市特色普通高中"的初心和缘由!

北外附属田园高中根据国家和上海市教育发展规划纲要中提出的"高中教育多样化、特色化"发展要求,在传承学校原有办学传统和文化的基础上,积极探索学校文创特色发展的路径。学校结合办学实际,以建设一所"以中国特色为根本,融通世界、服务社会,促进学生全面而有个性发展的上海市文创特色高中"为办学目标,形成了"做强文创特色,提升办学内涵,立足当下,面向未来,持续发展"的办学策略。

一般意义上的文创概念是相对于科创而言的。文创即文化创意,科创即科技创新。文创人才一般形象思维能力和感性想象能力较强,表现在学校学习上,文科成绩较好;科创人才一般逻辑思维能力和理性思考能力较强,表现在学校学习上,理科成绩较好。高中教育仍属于基础教育,学校要把培养文理兼优的复合型后备人才作为目标,即培养具有较高人文、艺术素养的科技工作者和具有较强逻辑思维能力的文艺工作者。一般意义上的文创概念,不足以表达普通高中教育的性质。知识、审美、创意三者的结合,才是北外附属田园高中特色办学的核心精髓,也是再塑普通高中通识教育的重要路径。

北外附属田园高中文创特色办学的侧重点在创意,即培养学生的创新意识。这是有别于创造的,是在高中阶段培养学生创新精神的具体着力点。创新意识产生的条件和基础既包括智力因素,又包括非智力因素。北外附属田园高中作为一所普通高中,以文化知识学习为基础,这是必然的。从办学经验来看,创意素养培育是特色办学的核心,但还要关注审美,它确实与知识、创意都相关。再塑普通高中通识教育,则回应了普通高中的使命。国家提出了建设特色高中的教育方略,北外附属田园高中则根据自身条件整合了相关资源,走出自己的特色办学之路。

如今,围绕文创素养培育,学校在 2015 年提出的"美育引领·创意发展"办学理念基础上,进行了新的诠释:在办学理念原有内涵中增加了"坚定文化自信,坚持传承创新",为实现中华民族伟大复兴的"中国梦",增强社会责任感和历史使命感,把"美育引领·创意发展"办学特色理念指导下的文创素养,作为每位北外附属田园高中人需要具备的特色素养和关键能力。

办学理念如何做到与时俱进?笔者认为要符合国家、时代对人才培养的要求,符合教育发展规律,符合学生身心发展规律。学校特色的呈现必须要有一个鲜明的具有辨识度的表征特色体系。从理念内涵的传播,到全体师生的言行和精神面貌,到随处可见的学生文创作品,都体现文创特色。它使学校教育越来越接近教育的本质,使学校朝着为党育人、为国育才、成就学生的正确方向不断前进。

本书是对学校特色办学实践探索的总结和梳理,它让我们全体师生更加坚信:

一般生源的普通高中学生是完全可以进行文创素养培育、成为创新型文创后备人才的。

普通高中学生文创素养培育,是融合在国家三类课程中、辅之以学校特色课程实现的。

普通高中学生文创素养培育的综合性,对于普通高中具有专业学科素养的教师来说,具有挑战性。但它更是提升教师跨学科教学能力、综合素养和育人水平的契机。

文创,可以成就自我;文创,可以引领未来;文创,可以造福社会;文创,可以让生活更美好!

陆振权

2023 年 2 月

目录

第一章

一卷简史从头看：二十年特色办学路

时间真的能在刹那间触动人的记忆。

2003 年 7 月,上海市田园高级中学建校时,是由当地两所农村完全中学——颛桥中学高中部和吴泾中学高中部分别独立出来组建的新高中。公建配套的校区外,是一条名叫"田园路"的规划道路,校名遂定为上海市田园高级中学。2019 年 9 月,学校挂牌成为北京外国语大学附属上海闵行田园高级中学。北外附属田园高中自 2003 年建校,到 2023 年,一转眼已经是二十年。

二十年来,学校在遵循党的教育方针,坚持立德树人,培养德、智、体、美、劳全面发展的社会主义建设者和接班人的育人要求和前提下,按照教育教学规律,结合师生实际,充分尊重学生个性潜能的发展,积极探索特色办学之路,开创了许多育人新途径、新方法,助力学生成为最好的自己,走向成功;促进教师持续提升,不断超越。学校从初创薄弱到厚实优质,快速发展,成为当地百姓、教育同行、上级主管部门和社会各界公认的优质高中。

二十年来,学校辛勤耕耘,砥砺奋进,特色发展,喜结硕果!学校坚持特色办学,实现了"普通高中不普通育人"的办学追求,创造了"不普通"的办学业绩。

第一节 办学简史回顾,特色促进发展

一所学校的办学理念和办学实践,总是与其当下发展需要解决的问题有关。基于对问题的分析、理解、行动和解决,学校也随之改变、发展、前进和提升。

一、特色办学缘起

回想 2003 年建校时,当年的高二、高三年级各 4 个班级学生来自原完全中学高中部,加上新招收高一年级 6 个班,全校一共 14 个班级 600 多名学生。学校新高一学生录取分数线处于区域第三梯队行列,是初中毕业生填报高中志愿时作为托底的公办高中选择之一。学校各方面基础都非常薄弱。

作为一所普通高中学校,促进学生德、智、体、美、劳全面发展,为各级各类大学输送合格的、优秀的后备生源,实现学生继续深造的大学梦,使其将来成为社会主义建设者和接班人,既是为党育人、为国育才、成就学生的基本责任和主要任务,又是办学的主要目标。

如何使这样一所生源力量比较薄弱的新办高中学校的学生,通过高校招生考试,进入各类大学继续深造、实现大学梦想呢?单单依靠高考文化成绩,对于学习基础薄弱的学生来说,是比较困难的。经过学校行政会议反复研讨商量,针对当时高校招收艺术生、体育生的文化课成绩要求相对较低的情况,学校决定成立美术特色班,让喜欢画画的学生通过美术加试考取大学,这也成了办学之初的首选办学策略。2004 年,学校 4 个毕业班级 178 名学生参加高考,共有46 名学生被本科院校录取,全校师生欢欣鼓舞。

二、特色办学成为方略

2005 年,学校开始着手制定新三年发展规划。在规划中,学校第一次明确提出了"美育引领·和谐发展"的特色办学理念,旨在把美育作为办学突破口,以美育人,促进学生德、智、体、美、劳全面发展,正式开启特色办学之旅。2006年,上海开始启动区级实验性示范性高中创建,学校积极申报,成功入围。2010年,学校成为闵行区首批实验性示范性高中,也是本区办学时间最短的区级实验性示范性高中。为了响应国家"大众创业、万众创新"的号召,2015年,学校提出了新发展阶段的特色办学理念,即"美育引领·创意发展",决定在美育的基础上融入文创办学特色,使学生形成"文化基础扎实、创意素养突出、审美情趣高雅"的文创特色素养,成为全面发展又具有中国情怀、国际视野、较高文创素养和责任担当的新时代高中生。

三、特色办学助力学校超越

2019年12月,学校举行市级特色高中创建展示活动。富有创意的展示活动和文创特色办学实践成果,得到了参与活动的200多名市内外高中校长、教师、专家、领导的充分肯定,也得到了当时上海市教育委员会分管基础教育工作的贾炜副主任"跳、专、创"三个字的肯定性评价。

回顾办学历程,学校从初创时期的较低起点,到如今,已经成为上海市文明校园、上海市特色高中建设项目学校、上海市安全文明校园、上海市依法治校示范校、上海市中小学行为规范示范校、上海市书香校园、上海市共青团工作示范单位、全国校园文学示范学校、全国篮球特色学校、全国中小学优秀传统文化传承学校、全国节约型公共机构示范单位。2021年,学校迈上了创建全国文明校园先进校的征程。

特色办学、创新发展的办学追求,使这样一所在2003年建校时,各方面都比较薄弱的新办普通高中,通过全体教职工的不懈努力,在教学质量、办学水平、特色学生培养、师资队伍建设等方面,迅速得到提升和超越。学生高三毕业参加高考,本科院校录取达线率从办学初期的25.8%,上升到了近五年来的95.0%至99.5%。学校因较高的办学质量和突出的办学绩效,连续五年受到区教育局嘉奖。

辛勤劳动流汗水,科学耕耘用智慧。特色办学让普普通通的学校成了一所办学水平和教学质量都较高的区域实验性示范性高中,成了本地区社会各界公认的优质高中资源，赢得了"普通高中不普通育人"的良好社会声誉。

岁月荏苒，春华秋实。

好时代给了我们好时光！不负社会各界厚望，学校特色办学，创造出了一所普通高中的不普通业绩！

第二节　回首心路历程，梦想成就现实

一、回顾成长，坚定信念

来北外附属田园高中任校长前，1990年7月至1994年6月，笔者在上海郊区的一所中等师范学校——上海市崇明师范学校工作，任教美术学科，并担任美术教研组组长；1994年7月至2004年6月，笔者调任到上海市重点中学七宝中学工作，任教高中艺术学科，其间担任校务办公室主任八年，跟随上海市教育功臣、特级校长、特级教师仇忠海先生，共同参与并见证了上海市七宝中学在他的带领下从低谷走向优质，办学质量不断实现超越。2004年，上海市七宝中学挂牌成为上海市首批实验性示范性优质高中。

2004年7月，笔者领命调任上海市田园高级中学校长，这是组织信任、领导期望、个人光荣，也是一份沉甸甸的社会责任。笔者理所当然要像仇忠海先生那样，以学校为舞台，全身心投入，和团队一起，潜心耕耘、用心办学、精心育人。遵照党的教育方针，遵循教育规律和学生成长规律，团结和带领全体教职工，成就学生、为民教子、为党育人、为国育才，办人民满意的教育，这既是当时笔者对自己提出的要求，也是笔者作为一校之长的责任所在和使命担当！因为来自上海郊区，从小帮父母干农活，笔者把自己比作在田园勤劳躬耕的农夫，要在这么美好的一方田园里建设一所理想的学校，成就师生美好幸福的校园生活，为师生终身发展和一生幸福奠基！

2004年7月2日下午两点，区教育局主要领导和组织科同志一起陪笔者到学校，开始了笔者的田园校长旅程。从踏进田园那一刻开始，笔者就在心里描

绘了田园教育梦想:"田园"是一个让人感到纯净、踏实、绿色、生态的美好字眼!沃土良种,阳光雨露,温暖春风,只要勤奋耕耘,科学培育,定会实现育人梦想。学校一定要为每一位师生创设发展的空间,让每一名田园学子都能在教育的田园里成为最好的自己,实现自己的成才梦!笔者要办一所让每一位师生都感到幸福美好的学校,要让田园成为地区老百姓公认的优质高中,要让求真、向善、爱美成为学校主流文化。这就是当时一个 34 岁年轻高中校长的田园教育梦想。

二、立足当下,憧憬未来

脚踏实地、仰望星空、科学耕耘、静待花开,这是笔者初为校长时对自己的期望和要求。那如何才能让学校成为一所社会公认的优质高中呢?从哪方面切入才能迅速带领学校实现发展?后续如何跟进才能使学校持续优质发展?将会面临哪些困难和挑战?如何让教职工团结一致,目标一致,方向一致,把学校建设为高质量的高中?这些问题整日萦绕在笔者头脑中。

一所新学校,又是一所各方面基础比较薄弱的学校,它的诞生,一定是缘于周边老百姓的需要,是地方党政干部全面谋划、整体布局的结果。尽快改变学校面貌、稳定办学,然后持续发展、实现优质,一校之长责无旁贷。

学校的发展是一条怎样的道路呢?是否有办学发展规律可循?有哪些让人印象深刻的、值得回忆的办学关键时刻和关键事件呢?

回顾学校的发展历程,看着清晰可辨的足迹,我们梳理了田园发展的编年史。那些年,田园人以"我们都是田园人,我们都代表学校"的主人翁姿态,发愤图强,开拓创新,坚持特色办学。从"美术高考"到"美育引领",从"创意发展"到"文创特色",学校持续追求个性化特色办学,不断循着问题,创新突破,逐步从模糊到清晰、从薄弱到厚实、从普通到优质,砥砺奋进,实现了"普通高中不普通育人"的价值追求。通过回顾梳理,我们渐渐找到一些普通高中的发展规律。

(一)特色建设初创期

2003 年,根据闵行区教育局的资源整合和重组部署,地处颛桥镇的完全中学颛桥中学的高中部,分列出来成立上海市田园高级中学。首届高三178位学生参加高考,本科院校录取率达25.8%,美术特色班有30多位学生考上本科,全校欢欣鼓舞!

2004年,笔者根据党的教育方针,以及党中央提出的构建社会主义和谐社会的战略目标,提出"美育引领·和谐发展"的办学理念,并很快制定出三年发展规划,以"求真、爱美、向善"为校训,以办一所环境美、校风好、特色明、质量高且在本地区有良好社会声誉的优质高中为办学目标。笔者用务实的态度、进取的精神、明确的办学目标,把全校师生的心凝聚起来。

2005年,学校被中国陶行知研究会命名为"全国陶行知教育思想实验学校"。"学陶师陶"在田园蔚然成风,"知行合一"的陶风深刻影响田园校风建设。学校开始开展"广播操月""作业月""英语文化周"以及"每天午睡半小时、唱歌十分钟、锻炼一小时"等富有特色的实践活动。这些活动至今已开展了十余年。每一届毕业生回忆起母校,都说这些活动是他们深深刻在脑海中的美好记忆。这便是田园特色建设初创期。

(二)特色建设发展期

2006年,闵行区提出建设一批区级实验性示范性高中。学校以"美育引领·和谐发展"为主题的"创建区级实验性示范性高中"三年发展规划,顺利通过专家组的评审答辩。按照发展规划,学校一步一个脚印开始了创建区级实验性示范性高中的办学历程。同年,学校通过评审验收,成为闵行区文明单位、闵行区中小学行为规范示范校。也是从这一年开始,学校教师重点研究如何改进课堂教学方式、提高课堂教学实效性,从而持续提升课堂教学质量。

2008年,学校创建成为上海市花园单位。校内全年皆披绿,四季有花香。校园环境美丽幽雅,"小桥流水""行知天地""美育广场""仁山智水""中外名画廊"等独特人文景观让人潜移默化中受到美的熏陶。

2009年,学校发展核心课题"美育引领,构筑和谐发展学校文化的理论和实践研究"被列为教育部"十一五"教育科学规划课题,学校成为中央教育科学研究所认可的"全国306所特色高中建设项目学校"之一。

　　2010 年,经过连续四年的创建实践,通过专家组四次严格评审,学校以"环境美、校风好、特色明、质量高"的优质评价结果,成功创建并挂牌成为闵行区首批实验性示范性高中。

　　2012 年,学校开始实施第一轮课堂教学改进三年行动计划。以提高课堂教学有效性为目的,学校提出建设"五度"课堂,"五度"即教学分层度、学生参与度、策略有效度、美育渗透度、目标达成度。学校研讨出以学生为主体、先学后教、以学定教、生生研讨、师生互动的"四步八字"教学法——准备、研讨、反馈、讲评。

　　2013 年,建校十周年。学校开展了"课堂教学改进,提升课堂教学质量"的区级展示研讨活动。

　　2015 年,契合时代大趋势,学校提出"美育引领·创意发展"的特色办学理念。2015 年也成为学校文创特色办学的元年。同年,学校开始实施第二轮课堂教学改进三年行动计划,提出了高效课堂的"四有五美"教学要求,即"有容量、有节奏、有难度、有坡度"和"规范美、科学美、策略美、艺术美、和谐美",确保课堂教学的高效和高质量。

　　2016 年,学校以"美育引领·创意发展"的文创特色建设五年发展规划,通过专家答辩,成功申报成为"上海市特色普通高中建设项目学校"。

　　2017 年,学校向上海市特色高中建设专家组进行了 18 分钟的专题汇报。专家组和观察员当场投票,田园成为"市级特色展示学校",进入特色建设的展示环节。

　　2018 年 9 月,在闵行区委区政府和区教育局领导的高度重视和全力支持下,学校整体迁入占地 65 亩、建筑面积 5 万平方米、建筑投资 2.5 亿元人民币建设的现代化新校舍。学校特别设计和建造了一幢文创大楼,以满足市级特色高中建设和发展的需要。当年 4 月引进上海视觉艺术学院德稻教育集团世界级文创大师资源,10 月挂牌成为"北外田园—德稻大师文创基地学校",开启院校合作共建共创模式。这让学校有了强大的师资力量和优质的课程资源来培养文创产业后备人才。同年,学校开始实施第三轮课堂教学改进三年行动计划,提出了"创意课堂"教学改进要求,在课堂教学中注重培育学生批判性思维、创造性思维等高阶思维。

（三）特色建设成熟期

北京外国语大学文创资源丰富，具有多元文化优势，可以助力我校文创特色建设。由此，闵行区委区政府与北京外国语大学签订了教育合作协议。2019年9月11日，学校挂牌成为"北京外国语大学附属上海闵行田园高级中学"。12月19日，学校举行市级特色展示活动，200多名本市和外省市的校长、专家、领导参加了活动，上海市教育委员会主要领导在展示点评环节给予学校"跳得好、很专业、有创意"的肯定性评价，极大鼓舞了田园人。

2020年，学校进入"迎评市特色高中评估年"。11月19日，学校接受上海市教育委员会特色高中建设评估专家组初评，并顺利通过。学校根据专家组意见，创造性地提出了创意课堂教学五维要求，即情境体验、审辨想象、文化理解、创意表达、审美情趣。五维要求既落实了国家"双新"实施要求，能够培育学生核心素养，促进学生全面发展，也兼顾了学生特色素养培育，使其获得个性化发展。

2021年，根据专家组初次评估报告中提出的意见和建议，全校上下认真学习，落实整改，做了大量实践改进工作，使"迎评"成为促进学校持续快速发展的契机。

……

田园的发展，最初其实是从整治校园内环境脏、乱、差现象，让校园变美开始的。之所以要抓这项工作，是因为一个以"田园"为校名的地方，容不得脏、乱、差！此外，相对于校风建设、师资队伍建设等办学关键元素来说，环境美也是最容易实施、最容易看到变化，最快速对师生产生积极影响的。

所以，学校在提出建设成为区级实验性示范性高中的办学目标的同时，提出了"环境美、校风好、特色明、质量高"的办学策略。学校从环境美抓起，建设葵花园、翠竹园、百花园等"十八园地"，十八个班级，每班全面负责一个园地，内容除环境卫生外，还包括文化园地内涵的挖掘和围绕园地栽种植物的科学课题研究。就这样，学校很快成功申报并通过评审，成为上海市花园单位。师生都看到了环境美带来的益处,真切感知了以美育引领不是一句空洞的口号,而是一系列日常的、具象化的行为和举措。再顺势发展,就是校风好、特色明、质量高的追求,是全方位的"以美育人"。学校从上到下根据办学理念和指导思想,落实以美辅德、以美益智、以美健体、以美促劳、以美创新的办学策略,开展特色办学。这改变了师生的精神面貌,带来了积极向上的校园气象。

(四)特色建设展望期

反思过往,美育引领是第一轮操作的"启动轮",由此循序渐进,发展到追求创意,再到明确以文创特色育人,显示了办学理念的调整、更新、迭代发展。田园各级管理干部和全体田园人体现出来的精神特质是:脚踏实地,仰望星空,积极开拓,奋发有为。若进行整体考量、全过程特色办学的评价,即特色基础不断夯实,特色个性逐渐鲜明,特色内涵不断丰富,特色发展持续推进。所以,田园的两个文明建设是常新的,景观面貌是常绿的,学校的前进步伐是不停顿、持续发展的。

田园后来开办的钱学森实验班、北外实验班、日语实验班、文创实验班,都是基于连贯的思考,是学校办学策略中的必要步骤,旨在从更高层面、更广领域为学生个性化发展提供平台和资源。钱学森实验班希望融合科创的理性与艺术的感性,围绕"创"字联结互动,旨在培育创新后备人才。从"钱学森之问"到"钱学森遗愿",前路轨迹愈加明朗。北外实验班、日语实验班,是因为学校挂牌北外附属田园高中,有的学生特别喜欢外语或者外语水平较高,需要加强教学实验,旨在培育外语、外交、外贸等方面的后备人才。文创实验班,是基于学校文创特色的办学实际、学生艺术爱好的发展诉求而设立的。实验班是对高中学生个性化、差异化培养的实验探索。

高中阶段,示范性学校分几个理科实验班,有一定合理性。但如果把能力差异较大的学生分在一个理科实验班里,教师的教学效果往往不尽如人意,那些不擅长数理化的学生更是感到痛苦。就语文和英语等科目而言,学生知识能力进阶的途径有所不同,在平行班学习影响较小,更利于学生进步。

田园的实验班分班方式很特别。要进入这些特色班，学生不用参加分班考试，而是借助自愿报名的形式自主选择。在现有教育环境下，学校尽最大可能让每个学生根据自己的个性特点主动选择，实现因材施教。

学校先后在校园内矗立起蔡元培、陶行知、钱学森三位大师的青铜雕像，引进他们的重要思想，对于学校的发展和规划，都是既有奠基作用，又有引领、诠释作用的。他们的重要思想给我们全体教职工带来的是关于美育、关于做人、关于做事、关于创造的综合教育滋养。如果最初还看得不太清楚，在把钱学森实验班开办起来后，办学的总体思路就完全清晰了——这是"过程中的清晰"。不是全都设计好了再做，而是有个先后次序做起来，越做越清晰。三位大师的楷模意义在于明确办学方向。蔡元培提倡"以美育代宗教"，同时也弘扬"自由的思想，独立的精神"。陶行知指出，千教万教，教人求真，千学万学，学做真人。钱学森是科学巨匠，他在艺术教育的熏陶下成长，深知艺术教育的重要性，强调用形象思维带动逻辑思维，用艺术滋养科学。钱学森回国后，还认真学习了马克思主义理论，掌握了唯物辩证法。这对思政课以及其他课程的设置，都有着较大的启示意义。所以，全校认真学习三位大师的德行学识，感受他们的人格魅力，践行他们的教育思想。

这样有理有据地溯源，理清脉络，捋出主线，全盘皆通，全局皆明，办学规律和经验清晰呈现。面对未来学生个性化培养、学校特色发展，笔者心里也更有底气和自信了。

第三节　办学理念确立，思想理念溯源

自 2003 年建校至今，学校的发展大致可以分为三个阶段。每个阶段都有符合校情、与时俱进的办学理念，指引着办学实践的方向。

一、从"美育引领·和谐发展"到"美育引领·创意发展"

2004 年 12 月至 2010 年 11 月，学校基于"美育引领·和谐发展"的特色办学理念,形成了两份三年发展规划,以培育学生审美素养的美育为办学抓手,以创建区级实验性示范性高中为办学目标。2010 年 9 月,学校通过六年创建,正式成为闵行区首批五所实验性示范性高中之一,也是本区最年轻的一所区级实验性示范性高中。

2010 年 12 月至 2016 年年 11 月,学校以"美育引领·创意发展"的特色办学理念为引领,以美育为底色,注重培育学生的创意素养,成为上海市特色高中建设项目校。

2016 年 12 月至今,学校以文创为特色办学,提出"文化基础扎实、创意素养突出、审美情趣高雅"的特色育人目标,提出建成上海市高品质文创特色高中的办学目标。

二、办学思想溯源

把"美育引领"作为学校特色发展重要理念,在思想上是有一个探索和确立过程的。其中,有两个思想孕育的阶段:一是思考艺术在学校教育中的地位和作用;二是思考高中教育与优质大学的衔接和合作。

(一) 艺术在学校教育中的地位和作用

在《哈佛通识教育红皮书》(以下简称《红皮书》)里,载有艺术史课程开创者诺顿的一段话:如果我们对于艺术的特征和历史缺乏了解,缺乏艺术研究所培养、所教化的审美能力,一种完善的、令人满意的教育就无法达到。说这段话是因为,诺顿发现周围很少有英语国家承认艺术是教育的本质组成部分。艺术被视为微不足道的东西,对于艺术的研究只是职业艺术家的事,而诺顿已经认准了要在大学开展艺术教育。

接触和了解西方早期艺术教育时,诺顿关于"教育自觉"的话对笔者的启发是:要研究艺术的特征和历史,研究它所能培养和教化的审美能力,才能达到完善的、令人满意的教育。笔者之所以特别注意其话语重点旨意所在,是因为要领导学校开展好符合当下校情和未来发展需要的美育,不能不研究艺术教育,不能不研究"审美的教化"怎么才能在田园播下种,扎下根,长出苗,长成树。这要在一系列问题和概念里深入探寻，搞清楚艺术教育与素质教育的关系、博雅教育与通识教育的关系等。

人们常常谈论博雅教育和通识教育这两个概念，但往往没有深究两者的关系。通过研读相关论著，笔者比较详细地了解了哈佛艺术教育的几个主要历史阶段，从哈佛通识教育中获得了多方面的启示，也有了必要的"参照系"。学者们是按照历史发展顺序来梳理其进程的，大致包括诺顿时代、《红皮书》时代、核心课程时代、兴起改革的新世纪等阶段。笔者研读后发现，《艺术与视知觉》这部重要文献里隐含着哈佛艺术教育的深层理念，是不可忽视的。在信息时代，只要肯花时间查找、学习，深入钻研相关内容，就能汲取到许多有益的知识。

在美国高等院校中，哈佛大学堪称代表。它所实行的教育模式是 Liberal Arts Education，有学者将其译为博雅教育、通识教育、自由教育。另有学校把 The Liberal Education 译为人文教育。如果仔细比照，就会发现译文与英文意义有所不同。

一看到 Arts，人们就会以为是有关绘画、音乐和舞蹈的教育。芝加哥大学为了避免误解，略去了 Arts，提倡 Liberal Education。要准确翻译这个短语，还是比较难的，因为中国的教育文化和语境里没有与之完全对应的术语。由此知道，美国教育希望培养的是 The Liberally Educated Man（即有自由教养的人）。Liberal 的语源是拉丁语 Libera（自由）。这样，按照字面意思，Liberal Arts 应译为自由技艺。笔者了解到，在西方文化传统中，Liberal Arts 最初是有特别指向的，是对自由人的教育。古希腊所实行的教育，有着鲜明的阶级特点，自由人享受的是 Liberal Arts，这是一种特权，奴隶绝无可能享受。后来奴隶制终止了，Liberal Arts 尤其是其中的自由之义却延续下来，融入西方文化传统。这是笔者在学习中了解到的具有特定历史色彩的教育语境。

了解中世纪的西方大学史时，往往会听到"七艺"的说法。"七艺"是七种自由技艺的通称，可分为"三艺"和"四艺"两部分：前者是指语法、逻辑学、修辞学三门初级课程；后者是指算术、几何、天文、音乐四门高级课程。这么梳理一遍，可以大致明白，Liberal Arts Education 应直译为自由技艺教育。西方教育中的"七艺"大科目，是把算术、几何等"数学四科"都包含在内的，如毕达哥拉斯的

"五度相生律"确证用数学来研究音乐的乐律。后来很发达的美术,在"七艺"里还没有位置。哈佛大学直到 1891 年才真正开设了美术课程,把它作为人文教育的重要组成部分。所以,读者不能望文生义,以为欧洲的古典课程大类凡是有"艺"的就是艺术课程、艺术教育。

博雅学院源于欧洲。美国后来也有了博雅学院,如哈佛大学的哈佛学院(Harvard College)提出了博雅教育。美国教育界对博雅教育有他们自己认可的解释:用核心知识和可转化的技能来教育学习者,培养其社会责任感、伦理意识和价值意识;强调毕业生能直面挑战,为从事有价值的社会工作甚至成为领袖做好准备。这后面的预期,完全属于高阶目标。

我国港台地区也习惯博雅教育的译法和叫法。这里的"博"是指教育内容宽广,"雅"是指高雅、文雅。"雅"的概念在我国古代出现得比较早,孔子说《诗》《书》皆用"雅言",与方言对称;司马迁指出"其文不雅驯,荐绅先生难言之"。可见,雅是与俗对应的,也是可与俗相对应的较高修养层次。

随着教育职能细化,职业教育从通识教育中分离出来,大学有了分类教育,才开始对知识的实际运用投以密切的关注。

博雅教育与通识教育两个概念有所不同,不能混为一谈。博雅教育是要让学生对任何事情都能懂一点,最好能精通某项事务。"让学生对任何事情都能懂一点"是通识教育的重要取向,而"最好能精通某项事务"则是专业教育的重要目标。博雅教育的培养目的是"让学生成人",而职业教育的培养目的是"让学生成才(有专才)"。

经过以上辨析可以基本明确,把 Liberal Arts Education 译为通识教育是不准确的,丢了 General 的本义,即"总体上的,通常的"。而且,持这种偏识也会忽略博雅教育中的专业教育。

通过梳理上述几种教育类型的关系,笔者发现,博雅教育的概念外延最大;通识教育是博雅教育的一部分;艺术教育则是通识教育的一部分。通识教育是不能全都从专业或技术角度去讲授的,它是为专业教育赋予意义的教育。

笔者注意到,《红皮书》特别强调了课程内容与文化整体、生活世界的内在关系。只有如此,设置的课程才是通识教育的课程。哈佛强调世界名著的学习,以此落实人文教育。诺顿的美术史课程被《红皮书》珍视为通识教育的典范。从诺顿的美术史课程,到提出"视觉艺术"而且有了专门的报告,是非常大的进步。哈佛通识教育委员会指出,要在通识教育框架下开设手工艺、设计类等与艺术教育有关的课程,重视开发学生的创造潜能,用课外活动的形式提供相关设施和专业指导,而那些只是为了专业目的开设的文学、音乐和绘画等课程,则不属于艺术教育研究的对象。

通过文献阅读,笔者得到多方面的启发,从诺顿美术教育价值观追溯到英国两位艺术教育大家米尔和罗斯金的教育思想。英国大学的艺术教育开展得比美国早,由米尔和罗斯金率先开拓。英国虽然没有直接使用通识教育的名称,但他们的学科群是专业教育的通识化,有双科、三科的联合专业和主副修专业,体现了课程之间加强联系、贯通之"通"。米尔把艺术视为人类文化的一个侧面,认为可以通过感情教育、美的教化(主要是诗歌和艺术的)来完善人类。诺顿赞扬罗斯金把艺术作为牛津课程的有机组成部分。诺顿后来在哈佛所做的,就是对这些传统和经验的探索与实践,目标是让学生成为一个好人(A Good Man)。哈佛大学在 20 世纪 70 年代末期开始推行核心课程,把外国文化、英语写作、历史研究、文学与艺术、科学与社会分析、数理统计等一百余门课程全部纳入通识教育。由此可见,艺术在学校教育中的地位和作用是不可忽视的。

(二)高中教育与优质大学的衔接和合作

笔者接下来重点思考了高中教育与优质大学的衔接和合作关系。《红皮书》是帮助我们理解通识教育与艺术教育关系的好读本,因为它讨论的不仅是高等教育,书的前四章对中学教育都有论述,之后还探讨了社区的通识教育。如果没有整体视野的话,它的课题和话题不会那么宽阔。《红皮书》注重的是大学教育向下衔接中学教育,中学教育也要主动思考如何向上衔接大学教育,才能实现相互贯通。哈佛大学学生获得学位需要修习的 16 门课程中,有 6 门课程属于通识课程。这 6 门通识课程中,至少有一门属于人文科学,有一门属于社会科学,有一门属于自然科学,而且,人文科学和社会科学这两个领域的课程是为所有学生设计的,要求所有学生都选修。在自然科学领域,建议设立可供选择的课程,以满足不同学生的需求。《红皮书》序言中提出了通识教育的核心问题,即 The Liberal And Humane Tradition(自由而文雅的传统),以及它的持续问题,并强调不能没有历史、艺术、文学和哲学,认为以上领域的价值判断最重要。而人文领域的系列课程,对于高中生的文化素质培养和建构,是非常必要的。

仔细考量这些做法,笔者意识到投身实践时准确把握"度"和"界"是很重要的。顶层设计的理论、理念所强调的"度"和"界",要与实践层面教师、学生的"度"和"界"相匹配,要以默契、协调的知与行来获得彼此的认同,才会有效果。

以上所述,是笔者对自己秉持的办学思想的溯源和自省。作为一校之长,笔者后来带领团队所进行的整体规划和课程设计、对学生兴趣点的感知、对师生发展方向和学校发展模式的研究,有一部分思想和行动的依据就在这里孕育和孵化。哈佛经验只是其中之一。当然,还有其他的思想来源,包括对党和国家教育方针的学习领会等。从学校"办学空间学"的理论到实践,从老校区搬到新校区的运作,到挂牌成为"上海视觉艺术学院文创后备人才培养基地学校""上海戏剧学院综合艺术实践基地学校""北外田园-德稻大师班文创基地学校",以及成为"北京外国语大学附属上海闵行田园高级中学",实现高中与高校衔接、合作,都离不开这些思想的引领。

建校以来,我像农夫经营田园一样精心投入,选种、育苗、耕耘、施肥。我深深感到:静态地学,得到的是知识;结合实际来做,才会有切身体验和真实感悟,进而形成正确的理念。把理念用文字写出来,编辑成书籍,可以更系统地完成"输出"。这样,笔者对自己走过的路、形成的办学思想和办学路径的认识,也渐趋完善、完整。

在上海市教育委员会推进高中多样化、特色化办学政策举措的激励和指引下,我和同事们要做的就是,根据学校的发展基础,抓住新机遇,接受新挑战,以评促建,不断提升办学品质,为建成上海市高品质特色高中而不懈努力。

第四节 咬定青山不放，执着特色育人

办学理念是指为了实现办学目标，依照教育规律而确立的办学思想和教育观念。办学理念是一所学校小学的灵魂，它指引着学校发展的方向，指导着学校方方面面的工作，影响着学校教职工的教育教学和管理行为。

一、"美育引领·创意发展"的办学理念

2015年9月，学校把2004年提出的"美育引领·和谐发展"的办学理念，调整为"美育引领·创意发展"。"美育引领"，是因为美育具有融通五育、促进五育协调发展的功能。"创意发展"是指以创意为驱动引擎，用创意激活教育教学和管理设计，用创意引导教育教学实践，实现以提升学生创新意识和综合素养为根本追求的一种发展模式。

我校特色办学定位是"文创"，聚焦"文化＋创意"。强调"文化＋创意"的"文创"特色，是为了以文化为基础，以创意为核心，以审美为追求，培育学生文化理解、创意表达、审美情趣三方面的文创素养，把田园办成一所"以中国特色为根本，能融通世界、服务社会，促进学生全面而有个性发展的上海市高品质特色高中"，把学生培养成为"德、智、体、美、劳全面发展，文创素养突出、有社会责任担当的时代新人"。学校定位"文创"特色，是对"创时代"社会发展需求的积极回应，也是对学生发展需要的积极回应。

对于目标定位，学校领导层是有清晰认知的，主要涉及以下几方面。

（一）定位：歌诗合为事而作

学校办学理念的确立，不是一蹴而就的，而是有一个动态调整的过程，就像射击时对准靶心，要瞄一会儿，以求精准，同时，还得几经斟酌，选择最恰当的词语来概括、描述它，以便学校对外宣传、对内动员时都能准确表达。

歌诗合为事而作，在时代精神的感召下，把文创作为办学理念的关键词、核

心词,明白无误地标示出来,是学校办学思想得以确立和发展的基本点。

从"十一五"规划开始,我国明确提出着力发展文化创意产业。2016 年,上海出台了《上海市文化创意产业发展三年行动计划(2016—2018 年)》。2017 年,上海出台了《关于加快本市文化创意产业创新发展的若干意见》,目的是推动上海文创产业的发展。政府要求上海教育主动融入国家发展战略和上海重大实践,准确把握文创产业发展的方向,培养创新型文化产业创意人才。上海视觉艺术学院在这方面是走在前列的,田园与该学院建立合作关系,这是田园特色建设的基础和资源优势,是其他高中所不具备的。田园特色办学的指导原则是"人无我有,人有我优,国需我创,我创我特"。这一原则鞭策全体教职工去创新和创造。这是上海教育主动融入国家发展战略和上海重大实践的具体表现,也是学校师生积极作为的一个发力点。另外,我国已明确提出"绿色发展"理念,文创产业属于"绿色经济"。所以,笔者提出了"文创成就自我,文创引领未来,文创造福社会"。奔文创特色办学的康庄大道,能为许许多多的学生谋福祉,我和同事们也乐意顺势而为,回应时代的需求。

(二) 溯源:理念来自实践

如果说,以上是田园特色办学思想意识的第一个层面,那么,学校的顶层设计则是田园特色办学思想意识的第二个层面。

2003 年建校时,田园学生的文化成绩比较薄弱。那时,通过办美术特色班成就一部分美术特长生的大学梦,是权宜之计,而非长远之策。2004 年,笔者就任校长后就开始认真思考如何特色办学。虽然自己是美术教师,但参加美术高考这条路并不适合所有学生,田园不能一直把办"高考美术特色班"作为提升办学质量的突破口,不然,就是另一种应试教育或功利主义教育。

那么,怎样才能找到学校特色发展的有效策略,让每一个学生都能得到更好的发展呢?我和班子成员反复研究,从大处、高处、远处着眼,于 2004 年 12 月,旗帜鲜明地提出了"美育引领·和谐发展"的办学理念,要求学校工作围绕以美辅德、以美益智、以美健体、以美促劳、以美养性、以美创新展开。学校把美育作为突破口,引领五育和谐发展,促进学生全面发展和个性化成长。全校教职工把"美育引领，构筑和谐发展的学校文化实践研究"作为核心研究课题，在德育、课程、教学、管理、师资、文化建设等方面都积极开展以加强学生美育为立足点的办学实践探索。该课题在 2005 年成为区级重点课题，在 2006 年成为上海市教育科学规划课题，在 2009 年成为教育部"十一五"教育科学规划课题。

2006 年，随着上海市市级实验性示范性高中评审暂告段落，上海市教育委员会要求各区积极建设区级实验性示范性高中。闵行区随后提出建设一批区级实验性示范性高中。2006 年 6 月，闵行区教育局组织专家组，对申报创建的 12 所普通高中进行了三年创建示范性高中规划的评审。田园顺利通过了专家组的评审，成为首批 8 所创建学校之一。经过预评、初评、复评、总结性评审，在 2010 年，田园成功挂牌成为闵行区首批 5 所实验性示范性高中之一，进入了区域优质高中发展的轨道。2012 年，田园和一批美育特色学校一起，在《人民教育》杂志发起成立全国"和美教育联盟"。2014 年，田园还被中国教育学会中学语文教学专业委员会评为"文学校园示范校"。这些都是"美育引领·和谐发展"办学理念引领下田园所取得的可喜成果。就这样，学校不断发展、提升。

2015 年，上海市正式提出要创建一批特色高中的规划，要求各区推荐一至两所具有传统特色的高中，参与市级特色高中创建。学校办学重心顺势调整。学校适时引入"创意"概念，提出"美育引领·创意发展"的特色办学新理念。仔细推敲这八个字，虽然没有使用"和谐"这个词语，但不等于不要"和谐"，而是希望在新的层面通过理念的迭代升级实现更加和谐的发展。

2015 年，上海推出了《关于加快建设具有全球影响力的科技创新中心的意见》。2016 年，上海出台了《上海市文化创意产业发展三年行动计划（2016—2018 年）》。2017 年，上海出台了《关于加快本市文化创意产业创新发展的若干意见》，提出到 2030 年，本市文化创意产业增加值占全市生产总值比重达到 18％左右，到 2035 年，全面建成具有国际影响力的文化创意产业中心，聚焦影视、演艺、动漫游戏、网络文化、艺术品交易、出版、创意设计、文化装备八大产业板块，建设全球影视创制中心，打造亚洲演艺之都，建设全球动漫游戏原创中心，巩固国内网络文化龙头地位，深化国际创意设计高地建设，构建出版产业新格局，构建国际重要艺术品交易中心，加快实施文化装备产业链布局等。于是，我和同事们进一步明确按照文创特色办学,以文创特色培育创新型后备人才,开拓以文化为基础、"美育＋创意"的新发展空间。

田园自建校以来始终坚持"美育引领",逐渐探索出以美术、美育、创意、文创策略来培育创新型后备人才的发展之路。这样的田园办学特色,具有稳定性和持续性。这与袁隆平用科学精神开展优良稻种实验,道理是一样的。事实证明,没有创新精神的学校是走不远、发展不好的,也培养不出真正的创新型人才。

在我和同事们的词典里,文创是独有新解的。文创不是文化创意产业的简称(文化创意产业只是其中一项重要的内容),而是"文化＋创意＋审美"的简约表达。凡在田园工作和学习的师生员工,都要受其熏陶。田园要培养的是有思想、有情怀、有抱负、有作为、有创新潜能的人。这里需要特别说明的是,一般意义上的文创是和科创并列的概念,两者的上位概念是创新,而我校的文创理念涉及创新意识、创新思维等,蕴含了科创元素,回应了时代的需求。

笔者之所以如此强调创意,不是认为创意万能,而是觉得创意重要。将来如果有需要,我们还会适时调整理念。按照《易经》卦爻,第六十三卦是既济卦,第六十四卦是未济卦,也就是说,上不封顶,依然要探索前行。一路走来,"文化＋创意＋审美",是田园特色办学实践历程的核心元素。

（三）立达:为了学生的发展

《论语·雍也篇》中有言:"己欲立而立人,己欲达而达人。"笔者把孔子"仁"的思想"推己及人",用来建构教育者与被教育者的新型关系,即"先使自己立和达,再使学生立和达"。使学生立和达,就是为学生着想的发展理念。这样,就构成了田园特色办学思想和特色办学理念的第三个层面,即着眼和着力于学生的发展需要。

反思2003年建校伊始,以"美术特色班"作为升学的突破口,虽然圆了部分学生的大学梦,但没有在学生核心素养发展的基因里渗透"文化＋创意＋审美",目标和效应还是浅近的。2004年,学校把"美育引领·和谐发展"作为办学理念,以美辅德、以美益智、以美健体、以美促劳、以美养性、以美创新,注重培育学生的美育素养。2015年，学校审时度势，提出符合时代需求的"美育引领·创意发展"特色办学理念，着力培育学生的文创素养，助力学生考入理想高校深造发展，实现具有创新动能的"自我"。学校特色办学理念具有一定的现实针对性和发展持续性。

二、"育人树人·以德为先"的教育要求

（一）以德育为先

学校教育的第一要求是"以德为先"，有了育德的基本点，具体办学运作时才有聚焦点"文创素养"和赋能点"五育并举"。美育引领是因为美育能使五育融通起来，但美育不能取代德育，美是辅德的，以德为先才是教育的灵魂。因此，坚持"育人树人·以德为先"是不能偏移和动摇的。

曾有来访者围绕"坚持立德树人，全面发展，融入文创素养特色育人"的话题，询问笔者："田园的文创素养与国家对学校的德育要求之间是什么关系？"笔者认为，学校是为党育人、为国育才、立德树人、成就学生的地方，社会主义学校尤其要坚守阵地，必须十分重视贯彻落实党和国家对于德育工作的指示与要求。

建校以来，田园始终坚持"为党育人、为国育才、立德树人、成就学生"的办学追求。这十六个字，是全体教师和行政管理人员必须承担的育人责任。田园尊重学生的兴趣爱好和发展需要，把文创素养作为学生特色素养培育，坚持全面发展和个性发展相结合，被实践证明是符合学生身心发展规律和素质教育要求的，也是符合教育发展规律和国家、时代对人才培养要求的。

"美育引领·创意发展"的办学理念既有发展基础，又有创新突破，符合校情、师情、生情，是适切的，因而也是能够实现的。

（二）办学目标诠释

从过去的"田园高中"发展到现在的"北外田园"，我和同事们把学校的发展目标定位于：建设一所以中国特色为根本，能融通世界、服务社会，促进学生德、智、体、美、劳全面而有个性发展的上海市高品质特色高中，实现"普通高中不普通育人"的办学追求。

其中有几个核心概念、关键词,解释如下:

(1)中国特色是指立德树人,坚持"四个自信",坚持社会主义核心价值观,能展示中国形象,讲好中国故事,传播中国声音,弘扬中国文化。

(2)融通世界是指着力打造融通中外的新概念、新范畴、新表述,坚定文化自信,坚持传承创新,把多语种背后的多元文化理解作为文化创意突破点和创意凝聚点,建设既具有中国特色、又能吸收世界优秀文化的高级中学。

(3)服务社会是指围绕建设"上海市高品质文创特色高中"的目标及定位,主动为社会发展、满足人民群众对美好生活的追求而服务,并服务国家发展战略,培养文创后备人才。

(4)全面而有个性是指德、智、体、美、劳五育融合,促进学生全面发展,同时使学生特色文创素养突出。

(5)高品质是指优质的学校管理、丰富的课程选择、高效的课堂教学、优秀的教师群体、优良的社会资源、优等的办学质量,社会认可度、美誉度高。

(6)文创特色是指夯实学生的文化基础,着重培育学生在文化理解、创意表达、审美情趣方面的特色素养。

我们把这一办学目标写进学校发展规划,一步一步地深耕,行稳致远,把文创从特色项目发展为学校特色,最终把学校创建成为"文创特色高中"。学校新五年发展规划(2021—2025年)确定的办学目标是努力建成"高品质文创特色高中",实现学校优质、特色、可持续发展。

(三)办学成果显现

建校以来,学校从薄弱到优质,高考本科院校录取率从建校初期的25.8%提升至95.0%左右,见图1-1。从生源层次来看,经过三年培养,有了较大的增值性超越。从学生报考文创类院校和相关专业的情况来看,报考比例逐年提高,录取院校层次呈上升趋势。多项指标的可测性实绩证明,特色办学是促进学校内涵发展、整体提升办学品质的重要抓手,这也让我们更加坚定了特色办学的信心。

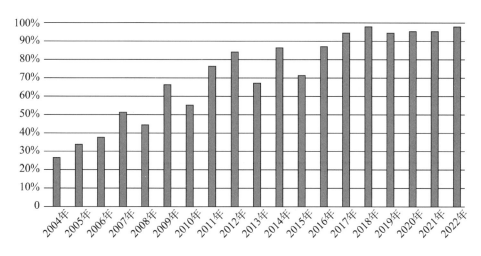

图 1-1　建校以来学校高考本科院校录取率统计图

（四）育人目标体现

坚持立德树人，促进学生德、智、体、美、劳全面发展，是学校教育的根本任务，也是普通高中价值追求所在。学校把国家"落实学生核心素养"的育人要求与特色办学相结合，形成了校本化的、具体的、与特色相呼应的学生成长目标体系。分述如下：

（1）育人目标。培养具有中国情怀、国际视野、较高文创素养和责任担当的新时代高中生，是学校育人目标的概括表述，也是对"培养德、智、体、美、劳全面发展的社会主义建设者和接班人"这一特定培养目标的校本表达。

（2）中国情怀。学习了解"四史"，热爱祖国，具有社会主义核心价值观。

（3）国际视野。外语能力出色，理解文化差异，互鉴文明，求同存异。

（4）文创素养。在全面发展的基础上，文化理解、创意表达、审美情趣素养突出。

（5）责任担当。有为我国社会发展进步而奉献、担当的意识和能力，有公民责任感。

在田园，学生像树苗一样因得到良好培育而健康茁壮成长。田园从树苗根部土壤所需营养的提供开始，运用校内外资源，加强师资队伍建设，精心培育学生，帮助学生成长、成人、成才，使之成为德、智、体、美、劳全面发展又具有个性特长的社会主义建设者和接班人。学校特色育人图谱见图1-2。

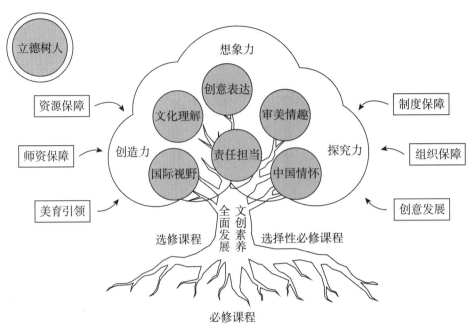

图1-2 学校特色育人图谱

为了具体落实学生发展核心素养培育,学校结合文创素养培育,从知、情、意、行四个层面逐步落实特色育人目标。从知到行,学校对中国情怀、国际视野、文创素养、责任担当进行具体化、校本化的实施,形成与特色相呼应的学生成长目标体系。

1. 知——认知与观念领域

(1)体现中国情怀的要求是了解中国发展史,了解中国的现状,努力学习不同学科的知识,具备核心素养,有正确的价值取向,有解决问题的必备品格和关键能力。

(2)体现国际视野的要求是认真学习外语,树立全球意识,开放心态,了解人类文明进程和社会发展规律,关注人类面临的全球性挑战。

(3)体现文创素养的要求是了解文创内涵,理解文化是文创产业的根本所在,知道文创的目的及文创的一般知识,懂得感受美、发现美、理解美、欣赏美并能创造美。

（4）体现责任担当的要求是认识到人类与社会、自然和谐相处是人类社会可持续发展的基础与前提，了解作为公民的社会责任与担当。

2. 情——情感与态度领域

（1）体现中国情怀的要求是热爱祖国、热爱家乡，有民族自豪感，有为祖国的富强、民主、文明、和谐、美丽发展而努力奋斗的情感和信念，具有社会主义核心价值观。

（2）体现国际视野的要求是理解、尊重、包容多元文化差异，善于吸纳外来优秀文化，具有海纳百川的胸怀，大气谦和，树立协商处理国际事务的意识。

（3）体现文创素养的要求是主动培养健康高雅的审美情趣，悦纳自己，自信乐观，积极面对困难和任务，敢于大胆尝试，有创意品质，能创造美、分享美。

（4）体现责任担当的要求是热爱生活，尊重自然，关爱社会，有主动探索、服务社会的情怀，友爱同学，尊敬师长，在社会上自觉遵守公德，诚实守信。

3. 意——思维与方法领域

（1）体现中国情怀的要求是能够多角度、辩证地看待国家的建设和发展，自主开展问题调查分析，统整不同学科的知识，运用正确的思维方法认识问题、分析问题、解决问题。

（2）体现国际视野的要求是具有思辨能力，正确看待不同国家的文化、习俗、处事方式，理解、尊重不同国家的发展路径，能理解科学技术与人类文明的有机联系。

（3）体现文创素养的要求是掌握科学思考方法，具有想象力、批判性思维和创新思维，能把创意的想法和方案转化成物品，或对原有物品进行改造，美化生活。

（4）体现责任担当的要求是独立思考，思维缜密，尊重事实，明辨是非，辩证看待社会现象，不满足于现状，拥有强烈的求知欲、好奇心和为社会作贡献的奉献精神。

4. 行——实践与行为领域

（1）体现中国情怀的要求是自觉捍卫国家主权、尊严、利益，主动传播中华优秀传统文化,具有为实现中华民族伟大复兴中国梦而努力的信念和行动能力。

(2)体现国际视野的要求是认真学习外语,了解外国文化,善于与他人交流合作,建立良好的人际关系,积极传播中国文化,用创意讲述中国故事,吸收国外先进文化。

(3)体现文创素养的要求是认真学习文创课程,主动运用文创知识进行文创探索,敢于实践表达,形成较强的创意设计能力,具有环保意识。

(4)体现责任担当的要求是尊重、孝敬父母,主动承担家务劳动,认真学习,积极寻求有效学习和解决问题的方法,主动为他人、社会服务。

三、"聚焦概念·精确提炼"的办学特色

文创特色理念提出后,在实践的过程中仍有不少困惑,也听到了教师、家长和业内专家的质疑声音:文创素养是个很宽泛的概念,其内涵并不明确,需要进一步归纳与提炼文创特色的核心概念。非常感谢这些理性的声音。它们代表了社会有识之士对学校特色办学的关心与关注,也说明学校特色办学引起了广泛的社会反响。它们促使笔者进一步思考、学习、梳理,研究文创与文艺、美术等概念的差异,关注创意思维、创造能力等创新素养的具体培育。我们明确了文创素养的概念,归纳提炼了文创特色的核心要素,同时把学校的办学理念转化为可实施的课程目标,注重在理科教学中融入文创元素。经过深入反思、系统设计和有效实践,我们提炼出了具体的实施路径。

(一)回炉淬炼,蓄力前行

笔者组织全体教师全面回顾总结参与文创特色教育的心路历程和成长感悟,对照实践深入反思,形成阶段性工作调整任务书和线路图,责任到人,切实改进。学校图书馆为教师订购《文化创意产业的理论与创新实践》《未来教师的项目化学习设计》《课程图谱》等书籍,组织教师学习特色高中建设的文件、评估指标等,学思结合,为特色教育提供理论指导。全体教师接受了多次培训,见表1-1,不断提升文创素养。

表 1-1　全体教师接受的培训(部分)

序号	培训内容	培训专家	专家信息
1	课程教与学的变革——高中项目化学习的全球视野	袁　刚	上海市史坦默国际科学教育研究中心常务副主任
2	以叙事为核心的教学法在跨学科教学中的应用	张　颖	上海市史坦默国际科学教育研究中心研究员
3	K-12教育中的人工智能思维	黄　淞	全球科学技术教育学会工程师
4	生活方式与未来:面向人工智能共生的创意	冯溱溟	伦敦中央圣马丁艺术与设计学院艺术与科学专业硕士研究生

学校特色建设核心组还重点学习了《关于加快本市文化创意产业创新发展的若干意见》,了解到上海在2030年要基本建成具有国际影响力的文创产业中心,在2035年全面建成具有国际影响力的文创产业中心。为了成为国际时尚之都、国际品牌之都、国际设计之都、国际会展之都、国际重要艺术品交易市场,上海需要大批文创人才,因此,学校以文创特色育人,前景广阔,令人鼓舞。

笔者组织核心团队成员积极参与项目校展示活动,深入上海市特色高中挂牌校考察学习。上海市曹杨中学、上海市甘泉外国语中学、上海戏剧学院附属高级中学、上海市闵行第三中学等学校毫无保留地为我们介绍了创建经验,使我们特色办学团队获益匪浅。通过沉下心来学习这些学校特色办学的实践历程,我们发现,虽然每所学校各具特色,但其特色办学的精神实质相通,沉淀精华相似。

(二)聚焦文创,落实目标

在特色建设初期,我们把文创素养的内涵概括为人文底蕴、科学精神、审美情趣、创新意识、创意设计五方面。专家论证后指出,这样概括太宽泛,凸显不出特色素养。在专家指导下,我们最终把文化理解、创意表达、审美情趣作为我校文创特色素养的核心要素,聚焦文创素养的特色内涵。

文化是文创的基础,创意是文创的核心,文化理解包含文化基础,是文创的必要条件。创意是文创的核心,包含了理性的思考和感性的想象,创意表达是文创素养的具体呈现。审美情趣是文创的内涵追求。我和同事们认为,从文化理解、创意表达、审美情趣三方面培育学生,是契合文创特色素养培育内涵要求的。

前面说到,文创与科创的概念是并列的,其上位概念是创新。文创特色办学和科创特色办学都是培养创新型人才的途径,但在高中阶段,我们更注重培养具有科学精神的文创人才和有文创素养的科技人才。有了创新引擎的驱动,我们可以创读、创写、创想、创设、创行。我们还在进一步研究"创商",这是受情商、智商、财商等概念的启发提出来的新概念。我们把文创素养培育纳入学校文化、课程教学、师资队伍、教育科研、学校管理和服务保障等建设规划,明确了文创特色素养与中国学生发展核心素养的关系(见图1-3),明确了育人目标、现实表现及具体要求。我们落实了分年级培养目标,把建成文创特色普通高中作为学校规划的目标愿景,推动学校持续发展。

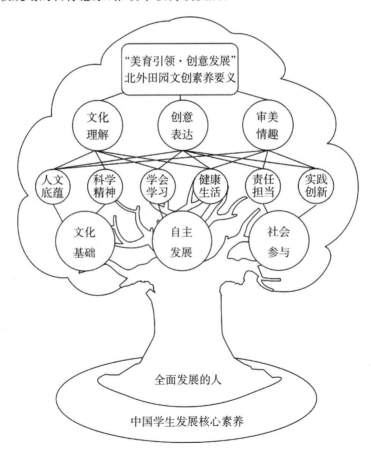

图1-3 学校文创特色素养与中国学生发展核心素养相关性示意图

我们把文创素养作为我校学生核心素养的重要组成部分，通过文创素养培育，整体提升学生的核心素养，实现特色育人与全面育人有机融合、学生全面发展与个性化发展有机统一。

1. 学校育人目标、现实表现及具体要求

（1）中国情怀目标的现实表现为"有理想，爱国家"，具体要求为：树立崇高理想，葆有独立人格；践行核心价值，成就自我超越；铭记历史传承，弘扬优秀文化；增强文化自信，心怀家国天下。

（2）国际视野目标的现实表现为"有梦想，爱和平"，具体要求为：理解文化差异，懂得人性关怀；具备国际视野，拥有世界胸襟；热爱人类和平，珍爱生态环境；敢想敢做有为，创造美好生活。

（3）文创素养目标的现实表现为"有理想，爱创新"，具体要求为：认真学习实践，规划生涯发展；厚植人文底蕴，懂得文化理解；强化审美情趣，善于思辨想象；具有设计能力，养成创意表达。

（4）社会责任目标的现实表现为"有志向，爱实践"，具体要求为：恪守法律法规，提升道德境界；着眼高远志向，崇尚行动实践；匡正价值追求，维护公平正义；融入社会时代，勇担历史使命。

2. 学校育人目标与文创素养目标的对应关系

（1）中国情怀目标对应的文创素养目标是拥有民族振兴的理想情怀，具有美好人生的创造能力。

（2）国际视野目标对应的文创素养目标是拥有开阔理性的国际视野，具有热爱生活的高雅情趣。

（3）文创素养目标对应的文创素养目标是懂得丰富多元的文化知识，富有审美情趣的创新精神。

（4）社会责任目标对应的文创素养目标是拥有团结协作的创意表达，具有精益求精的工匠素养。

3. 学校文创素养培育分年级目标发展要求

（1）目标一：拥有民族振兴的理想情怀，具有美好人生的创造能力。

高一年级目标发展要求：播下文创种子，强化理想信念。

高二年级目标发展要求:培养文创能力,厚植爱国情怀。

高三年级目标发展要求:实现文创追求,立志民族振兴。

(2)目标二:拥有开阔理性的国际视野,具有热爱生活的高雅情趣。

高一年级目标发展要求:激发文创梦想,开阔国际视野。

高二年级目标发展要求:敢于想象探究,懂得珍爱生命。

高三年级目标发展要求:具有文创素养,拥抱美好生活。

(3)目标三:懂得丰富多元的文化知识,富有审美情趣的创新精神。

高一年级目标发展要求:培养人文情怀,懂得审美认知。

高二年级目标发展要求:厚植人文底蕴,拥有审美情趣。

高三年级目标发展要求:拥有人文思想,具有科学精神。

(4)目标四:拥有团结协作的创意表达,具有精益求精的工匠素养。

高一年级目标发展要求:热心社会公益,崇尚实践表达。

高二年级目标发展要求:提升劳动技能,注重学习效率。

高三年级目标发展要求:拥有发展能力,形成卓越品质。

4. 求实求新,育德育能

我们把文创素养渗透进五育并举的教育内容,常态化开展发扬文化创新精神的德育主题教育活动。我们在学校各大主题的文化节日中融入文创元素,重点开展以文化创意为主题的文化创新活动。除了在各类文科教学中突出文创素养的培育,我们在理科教学中也自然融入文创元素,如动画版化学实验、物理知识的科普画册、数学经典例题的视频直播、生物小视频讲解。我们鼓励学生积极参加文创类竞赛活动,把创意思维、创造能力、创新精神等融入劳动教育,使学生热爱劳动,具备一定的劳动技能,形成尊重劳动者的情感。

5.“双新+文创”,特色育人

制定新课程和新教材(以下简称“双新”)改革实施方案,科学定位文创素养。各教研组全面开展“双新”背景下创意素养培育的教研系列行动,扎实开展文创特色课程实践,建构符合各学科特点的课堂教学范式。在听取专家意见后,全体教师反复研讨,总结凝练了情境体验、审辨想象、文化理解、创意表达、审美情趣五个指标,并设计了评价量规,形成了《北外田园落实“双新”、聚焦创意的课堂教学改进方案》《学科落实文创素养校本化实施指南》《学科落实文创素养任务分解表》《学科教学设计范式》《北外田园创意课堂教学评价量表》，力求可教、可学、可测。学校形成了特色教学反哺常态教学的互动生态。

6. 评价驱动，适时调整

学校把文创素养指标纳入教育管理和教学评价体系，把文创素养培育成效与贡献作为教师评优、职务晋升、年终考评、项目绩效奖励和学生评先推优等方面的重要评价指标，强化师生积极参与特色发展的意识。学校把文创素养和"双新"要素总结凝练为情境体验、审辨想象、文化理解、创意表达、审美情趣五个指标，直接指导着学科教师的课堂教学。

四、"认知到位·行事见功"的办学实践

实践是检验真理的唯一标准。认知是否到位，各方面思考谋划的策略能否奏效，要用实践效果来证明。

（一）特色育人，创意发展

由于学校坚定了文化创意的特色育人理念，全体师生都明晰了文创素养的内涵，即以文化为基础，以创意为核心，以审美为追求。这不是口头禅，而是在师生的认知里植入了新思想、新概念。各方形成合力，旨在把学生培养成德、智、体、美、劳全面发展且文创素养突出的未来社会美好生活的创造者和建设者。

（二）源起艺美，创新超越

通过反复研究、探讨、论证，我和同事们逐渐明晰了文创与艺术、美术等概念的差异。文创，一般是作为文化创意产业的简称而在社会流行的称谓，而在田园人的词典里，文创是指文化＋创意，是"以文化为基础，以创意为核心，融合审美元素、整理相关学科、利用不同载体而构建新事物的再造与创新的文化行为"。文创，"源起艺美"，主要是指在文艺、美术的基础上，结合创意、策划、技术、智力资本等要素创造出来的新形态的产物，是集文化、艺术和创意内容、服务于一体的能创造财富和就业机会的素养和技能。文创不仅包含艺术、美术等

学科,还包含科学技术、工程设计、个人创意、风俗民情、知识产权等文化新面貌与新价值。

由此,我们厘清了文创与艺术、美术的关系。通常意义上的文创,是指融入了创意、结合了文化的产业。翻阅国内外很多文本资料后,我们发现,对于文创产业的内涵界定相对比较全面和精准的文字是我国台湾省 2018 年出台的《文化创意产业发展法》里的定义描述。文创产业是指源自创意或文化积累,通过智慧财产的形成及运用,具有创造财富与就业机会的潜力,并提高全民美学素养,使人民生活环境提升的下列产业:视觉艺术产业、音乐及表演艺术产业、文化资产应用及展演设施产业、工艺产业、电影产业、广播电视产业、出版产业、广告产业、产品设计产业、视觉传达设计产业、设计品牌时尚产业、建筑设计产业、数字内容产业、创意生活产业、流行音乐及文化内容产业……

(三)任务明确,直通必达

有了明确的任务书和线路图,学校文创特色创建有章可循、有理有据。我校创造性地建立了创意工作坊,以课程建设为重点,设计了"文创特色课程图谱",在必修课、选择性必修课和选修课中分别落实文创特色教育内容,保证了特色教育的课时。疫情期间,我校组织了线上文创通识课教学;开发了面向全体学生的必修课"经典名画赏析"、精品课程"疫情中的艺术家",精心打磨了"设计思维""文创 STEAM""无人机摄影""乐高机器人编程"等校本课程;开发了13 门慕课。我校的一批与文创特色相关的课题成功申报为 2020 年闵行区教育科研项目,区级重点课题"美育引领下的校园环境建设"在 2021 年结题并获得优秀等级。

(四)多点接入,成效显著

随着文化创意活动的深入开展,我校文创特色创建逐渐显现出了成效。除了在必修课程、选择性必修课程、选修课程三类课程中落实文创素养培育,"双新"实施后,我校还在其他课程中积极落实文创素养培育。疫情前,我校每年组织高一、高二学生赴南京、绍兴、嘉兴、延安、西安等地进行全年级大规模的社会实践研学活动。在研究性学习中,每个学生都要参与科学领域和人文领域两个以上课题的研究。在 2020 年闵行区高中生研究性学习成果评选活动中，我校学生的相关研究课题荣获 15 个奖项，其中，一等奖 4 项、二等奖 5 项、三等奖 4 项、参与奖 2 项。郭浩然同学在 2020 年获得上海市第 36 届青少年科技创新大赛计算机工程类一等奖、最高荣誉奖"科协主席奖"，在 2021 年获得上海市中学生人工智能项目竞赛一等奖，是我校文创特色育人花园里盛开的具有代表性的灿烂向日葵。

2021 年暑假，我校组织策划并承办了闵行区第二届文创 STEAM 夏令营，吸引了本区 650 名中小学生参与；协办了上海市创客夏令营，吸引了全市 200 多名高中生参与；组织的主持辩论夏令营、上海市学校少年宫夏令营、闵行区未成年人暑期夏令营等文创特色活动，吸引了 300 多名学生参加。学校文创特色活动辐射到兄弟学校，在社会中产生了一定的影响力，发挥了示范引领作用。

（五）特色助力，质量提升

通过文创特色创建，学校不仅培养了一大批文创后备人才，还大幅提升了教学质量。近年来，学生的学业水平考试平均合格率为 99.09%。学校连续五年得到闵行区教育局办学绩效嘉奖。2020 年，在闵行区高中教学工作会、国际理解教育论坛、创新教育年会等重要场合，教育局领导都把田园作为特色办学提升教育质量的典型案例，这说明特色办学已成为促进学校教育质量全面提升的有效方法。特色办学，成就了学校"普通高中不普通育人"的创建初心和目标。

第五节　金粟初开晓清，条分缕析前行

一、一校之长掌好舵

校长是全校特色建设的主管。在办学过程中，作为校长，笔者集思广益，亲自主持并组织制定了《文创，让生活更美好（2016—2020 五年发展规划）》。根据学校传统、实践基础、社会和学生发展需求,我们确定了学校的发展特色,整体架构了学校的特色育人体系、特色课程体系等。在学校发展规划中,我们确立了创建市级文创特色高中的发展目标。文创特色创建规划的制定,使学校的特色建设工作有了清晰的定位和发展路径。在规划实施过程中,特色创建工作得以有效落实,取得了明显的成效。

我校特色办学的主要目标,是让学生在全面发展的基础上具有鲜明的特色素养:文化基础扎实,创意素养突出,审美情趣高雅。

2021年,经过全校教职工多次研讨修改,并经教代会审议通过,学校未来五年新发展规划开始实施。"培育文创素养,创造美好未来(2021—2025五年发展规划)"提出的办学目标是:建设一所以中国特色为根本,融通世界、服务社会,促进学生全面而有个性发展的上海市高品质文创特色高中。规划再一次引导全校师生达成共识,朝着新发展目标不断奋进。

二、推进建设有保障

有了目标、策略,还得有保障。这样,全体教职工才能一往无前地行动。这部分着重谈谈笔者与学校特色建设领导小组在组织保障方面对学校特色建设实施的助力作用。

(一) 立好墩,才能架好桥

"立好墩,才能架好桥"这句话,很适合用来说明组织机构设置的作用。学校特色建设组织架构见图1-4。不同部门既分工明确,又相互协作。以校长为组长的学校特色建设领导小组,负责办学规划的制定,负责策略、方案的决策、指导、支持和督查。文创发展中心负责文创特色建设工作规划的具体实施。教学发展中心落实课程建设方案,开发论证课程,实施课程管理、课程指导、课程评价、课程调整。教师发展中心注重特色教师引进、培养、提升。学生发展中心负责学生特色活动策划、组织、管理、实施、评价。信息技术中心和后勤保障中心负责特色实验室建设、设施设备的配置与维护、数据信息的收集和处理、校园创意环境的建设与维护等。党政办公室负责联系、协调校内外各类资源。

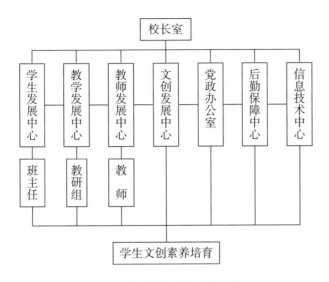

图1-4　学校特色建设组织架构图

（二）个顶个，谁也不能少

这里强调的是全员参与特色建设、人人有责、各司其职的重要性。全员参与学生文创素养培育，全校形成合力，才能事半功倍。具体来看，特色课程教师参与特色课程的开发、实施与完善。学科教师参与文创相关知识、技能的学科渗透。教务人员主要进行课程安排、学生学习评价与反馈。二线辅助教师对教学过程进行管理，辅导学生自主学习。总务后勤、信息技术人员参与设施建设、实验耗材购置、实验设施设备维护保养、校园环境建设维护等。

植入文创基因，提升全员文创素养，凝聚个人和团队智慧，形成合力，这样就做到了全覆盖、全发力、全收获。

（三）要想赢，制度要严明

这里强调的是健全配套制度、有规可依的重要性。我校多次全员参与制定、修改各类制度，已形成了较为完善的管理制度，保障特色高中建设顺利进行。如《北外附属上海闵行田园高级中学管理规程》，规范学校各项工作；《北外附属上海闵行田园高级中学特色课程教师的评定和奖励条例》，从评价、分配和奖励方面激励教职工参与特色高中创建；《北外附属上海闵行田园高级中学特色课程评价方案》《北外附属上海闵行田园高级中学教育科研课题管理办法》

《北外附属上海闵行田园高级中学教科研奖励办法》《北外附属上海闵行田园高级中学学术委员考核办法》《美育引领·创意发展的学校课程——北外附属上海闵行田园高级中学课程计划校本化实施方案》《北外附属上海闵行田园高级中学备课制度规范要求》《北外附属上海闵行田园高级中学考试命题实施意见》《北外附属上海闵行田园高级中学作业管理条例》等制度，保证了特色课程实施的质量。此外，我们还设立了"北外附属上海闵行田园高级中学金葵花成长奖"，表彰在学校特色创建中发挥示范作用的学生。

总之，针对文创特色建设，学校制定了专项配套制度与办法来规范和引导师生的言行，使大家能在严明的规章框架下工作和学习。部门之间密切配合，工作、学习顺畅了，效率高了，取得的效果也就明显了。

三、有板有眼唱好戏

学校明确提出规范开展特色教学活动的要求。一是严格执行教育法律、法规和相关教育政策，严格按照《上海市普通中小学课程方案（试行稿）》和有关规定开展教育教学活动，开齐、开足所有课程，规范办学，无违规、违纪行为。二是通过组织架构、制度建立、人员配置、设施保障等工作，构建起促进学校特色建设的管理支持系统，并有效运作。为了进一步提高特色建设的有效性，学校特别重视评价与反馈环节，通过校内巡视指导、学生评教等过程监控、评价反馈，不断提高管理水平，确保特色办学质量。

第二章

大珠小珠落玉盘：创意特色课程与教学

课程,通常是指教学科目,可以追溯到我国西周时期的"六艺"(礼、乐、射、御、书、数)和欧洲中世纪的"七艺"(文法、修辞、辩证法、算数、几何、音乐、天文学)。

　　教学是指教师把知识、技能传授给学生的过程。在不同的阶段,教学要求有所不同,如上海在"二期课改"中提出"知识与技能""过程与方法""情感、态度与价值观"的三维目标要求。又如 2017 年国家新课程标准制定,强调教学要落实核心素养,包含价值观念、必备品格、关键能力。

　　课程与教学是密不可分的两个组成部分,课程是"教什么",教学是"如何教",一个是学习的内容,一个是学习的方法和过程。

第一节　春和景明：课程和教材改革回顾

一、回顾上海课改

课程和教材改革，对于提升教育质量和人才素质具有重要意义。国家十分重视普通高中教育的课程和教材。"双新"是国家层面推行的重大教育战略，意义非同寻常。2019 年，《国务院办公厅关于新时代推进普通高中育人方式改革的指导意见》（国办发〔2019〕29 号）明确指出，到 2022 年，德、智、体、美、劳全面培养体系进一步完善，立德树人落实机制进一步健全，普通高中新课程新教材全面落实，教育教学改革深入推进，选课走班教学管理机制基本完善，科学的教育评价和考试招生制度基本建立，师资和办学条件得到有效保障，普通高中多样化有特色发展的格局基本形成。闵行区人民政府依据上级文件精神，结合闵行教育"十四五"规划，遵循《普通高中课程方案（2017 年版 2020 年修订）》的要求，制定并实施《闵行区普通高中实施国家新课程新教材工作方案》，并要求全区高中必须认真学习、严格落实。

上海的课程教学改革，是上海市人民政府和上海市教育委员会统揽全局的系统工程。自"一期课改"成功施行"四个素质和健康个性培养"后，上海于 1998 年启动了"二期课改"，重点培养学生的创新精神和实践能力，落实"知识与技能""过程与方法""情感、态度与价值观"的三维目标。回顾这段历程，上海市教育委员会原副主任贾炜指出，上海教育的课改经验和课改精神是有恒与守真的，前者指为了每一个学生的终身发展，后者指坚持从教育教学和人才成长发展的客观规律出发，回归教育本原，做到以人为本，因材施教。我校在 2003 年提出"为每位师生创设发展的空间"，可以说体现了"有恒"和"守真"。

回顾我校的特色办学，就是由课程和教学改革引发的。从"二期课改"到"双新"实施，我校沿着一条正确的路不断发展。可以说，我校的特色办学既符合课程建设本身的规律，又贴近教育部和上海市教育委员会的改革精神；既有明显的效果，又积累了经验。

二、聚集"双新"实施

2020年，新时代教育改革拉开了大幕，全国中小学开始全面实施"双新"，即"新课程和新教材"。改革的目标是培育全面发展的人，具体落实在学生核心素养上，还有培育学生学科核心素养的要求。

中国学生发展核心素养包括文化基础、自主发展、社会参与三方面，由此辐射开去，凝聚成中国学生发展的六大素养，其中，文化基础包含人文底蕴和科学精神两大素养；自主发展包学会学习和健康生活两大素养；社会参与包含责任担当和实践创新两大素养，见图2-1。各学科的核心素养，都与之紧密相连，根据学科特性，又有所侧重。例如，思想政治学科的核心素养主要包括政治认同、科学精神、法治意识、公共参与；美术学科的核心素养主要包括图像识读、美术表现、审美判断、创意实践、文化理解。在把握总体精神的前提下，各学科还需要根据新课标的要求，选择恰当的课程内容，注重课程资源的开发和利用，把作业质量要求等落到实处。

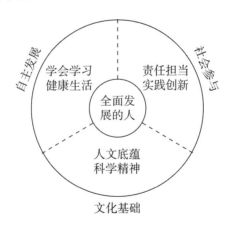

图2-1 中国学生发展核心素养的总体框架

基于"双新"要求，围绕学科核心素养培育，我们通过主题内容探讨、公开课观摩评价等形式深入理解新课程和新教材的内涵，力求人人关注课堂教学实践。我们通常学习"'双新'背景下的语文教学""'双新'背景下化学学科空中课堂资源建设""学生数学核心素养水平认知""美术教学的教法改革和探索"等,引领各学科教师落实学科核心素养、增强学科育人能力。

上海是国际化大都市,学校人才培养必须符合上海的城市发展定位。我们把掌握国际交流通用语言作为人才培养的基本能力要求,在立德树人的同时,要求学生对内要有"家国情怀"和"文化自信",对外能讲好中国故事,具有跨学科知识和才艺。这在落实"双新"背景下,不仅是外语教学的责任,也是其他学科的教学任务。从办学的路径选择来看,这也是我校同北京外国语大学建立合作伙伴关系的考量依据。

笔者认为,"双新"背景下各学科的课堂教学既要尊重学生的学习需求,又要关注教师的发展需求。这需要学校掌握"激发双向内驱力"的重要方法,从而使师生的需求在良性互动中得到满足。

2020年11月,闵行区教育局组织高中学校开展"双新"实施方案交流研讨活动。闵行区教育局、闵行区教育学院、闵行区教育督导室领导及相关部门工作负责人,各高中学校校长及分管教学工作的副校长、教导主任共同参与活动。21所高中学校分层分类,按组进行工作方案的汇报,就学校"双新"实施路径、课程建设、评价机制、人才培养等内容进行了研讨交流。这种活动是区内同行学习取经、互学互补的好机会。

学校以素养培育为导向,建立区域课程实施全覆盖的保障机制,形成了国家课程充分落实、校本课程彰显特色的课程运作生态。以"深入课堂,践行'双新'"主题教学实践活动为例,高中各学科教研员在田园教学实践长达两个月,他们针对"双新"实施要求,立足校情,因地制宜,坚持问题导向,探索制定本校实施工作方案,全面推进"双新"实施。两个月内,各位教研员共上示范课62节,听课116节,作业批改25次,组织和参加各类座谈、交流活动62次,在校内举办区级讲座18场。这种工作方式和活动方式,是校园的新风景,本身就是创造性和实质性的推动,对落实"双新"、迎接"新高考"、指导新入职的教师、促进学校特色高中创建产生了很大的影响。学校开展了数据驱动的因材施教活动和及时的过程性评价,搭建了"利教便学"的支架,为形成促进学生个性发展、全面成长的课堂文化和智慧教育体系积累了有效的经验。

三、当前课堂教学需要解决的主要问题

立德树人，全面实施素质教育，落实学生核心素养，成为新时代对教育的要求。课堂教学是学校立德树人、落实素质教育的主阵地，课堂教学质量决定着育人质量。但是，对照"二期课改"和"双新"理念，目前课堂教学还存在以下问题：

（1）思想观念问题。部分学校领导和教师存在"分数第一、高考唯一"的思想，还没有真正重视立德树人，全面实施素质教育，落实学生核心素养。部分学校还存在题海战、疲劳战的教学现象。

（2）教学方式问题。部分学校的课堂里存在教师"一言堂、满堂灌"的现象，部分学校存在"黑板实验"等缺少真实情境体验的教学现象。

（3）学习主体问题。学习的主体是学生，而非教师。很多教师还是只重视自己的教，较少考虑学生的学。课堂教学中对答案、过度解释、教师一讲到底的现象仍然存在。

第二节　天朗气清：创意课程规划宜整体

关于课程改革，上海市教育委员会原副主任瞿钧先生指出，后续不用讲"三期课改""四期课改"，因为课改一直都在进行中。诚哉斯言，如果说 2008 年学校关注的重点是课程的规划和设计，那么到了 2009 年，学校就要去解决"学校课程领导力如何提升"这一重要问题。2010 后，上海市教育委员会提出了"作业研究"和"绿色指标"等理念。总之，课程改革是不断推进的。领会了国家和上海市的顶层设计思路，学校在实施时，还得有符合本校特点的顶层设计方案，这样才能上下贯通，落实到每一位教师和学生身上，使其开花结果。只动课程不动教材是不可能成功的，2017 年全国开始制定新课程标准，从新课程到新教材，有了"双新"，就有了新局面。从施教方式和学习方式的改革，到关注人的全面发展、健康成长，是教育的重大进步。

一、课程架构整体化,有谱才靠谱

对"双新"的课程架构和策划实施,是有一个过程的。我校的做法是:先由各学科组教师筹划、研讨、汇总方案,上交给学校教学管理中心,再由分管教学的副校长、校长集中学校学术委员和区学科研训员等各方智慧,研讨、修改、完善,审定而成稿。教学管理部门据此修订成专门文本,反馈给各学科组教师,进入通读完善的环节。校长是全校教育教学工作的全面领导者、组织者、决策者,教研室所说的"课程领导力",也得在校长这个角色上体现出来。校长要会选"明白人",安排其成为课程架构和策划实施数据库的"总管",自己也要懂各学科课程的组合关系,会基本的课程数据分析,知道"二期课改"精神指导下课程实施的来龙去脉和有关课程教材实施的信息。

具体来看,学校的课程架构和策划实施,是整体规划的,是围绕学校特色育人目标而制定的。总体来说,体现为"三修、三化、一图表",其中,"一图表"就是学校课程架构落实文创特色图谱,见图2-2。

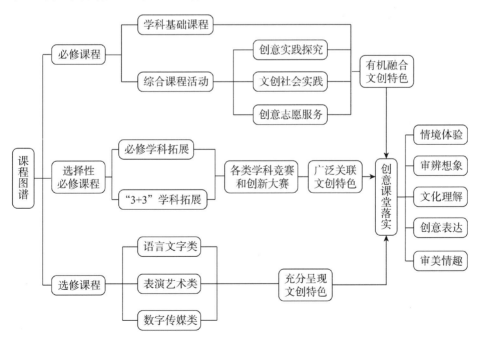

图2-2　学校课程架构落实文创特色图谱

（一）瞄准特色育人，落实实施策略

围绕学生文创特色素养培育的课程目标，我校总体的实施策略是：必修课程有机融合文创特色素养培育；选择性必修课程广泛关联文创特色素养培育；选修课程充分呈现文创特色素养培育。

学校课程既要符合国家发展对人才培育的要求，又要满足区域发展对人才培育的需求，还要满足学生的发展需求和教师的专业发展需求。笔者提出了"国家课程校本化、地方课程本土化、校本课程特色化"的实施策略，由此制定了《北外附属上海闵行田园高级中学课程实施纲要》。

（二）一笔画不成，设计要分层

对文创素养培育特色课程要进行分层设计。也就是说，课程群是分层级的。我校文创素养课程群分为三个层级：第一个层级为全校普及型文创通识课程；第二个层级为兴趣拓展型文创拓展课程；第三个层级为专业提升型文创专业课程。这种培育模式像是一个"通—拓—升"的金字塔结构，它强调学生文创素养的基础培育，面向全体学生。在脑海里形成一张形象化的图谱（见图2-3），便容易领会其相互关系。塔底从情境导入、内容拓展、教学方法应用、评价导向、作业设计等方面，不断渗透文创素养，让学生夯实文创发展的基础；中间通过文创活动的体验，开阔学生的视野，培育学生的文创潜能，让学生享受文创带来的愉悦；塔尖面向的是具有文创特长、立志提升文创能力的学生，通过文创赛事、训练的培养，满足其个性化的发展需求。

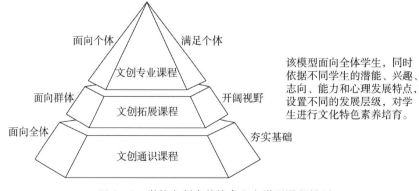

面向个体　　满足个体

文创专业课程

面向群体　　　　　开阔视野

文创拓展课程

面向全体　　　　　夯实基础

文创通识课程

该模型面向全体学生，同时依据不同学生的潜能、兴趣、志向、能力和心理发展特点，设置不同的发展层级，对学生进行文化特色素养培育。

图2-3　学校文创素养培育金字塔形课程模型

从以文创通识教育为主要目标的文创基础积淀期，进入以知识技能的加深拓宽为主的文创专业拓展期，最后进入彰显文创特色的文创专业深化期，学校通过知识普及、活动体验、技能强化、创新探究，从基础到专业，从普及到拔尖，从兴趣培养到专业训练，分层递进地培育学生的文创素养，使学生成为文创领域的优秀后备人才。

以上内容是我校课程设计的智慧结晶，是领导层、实施层、操作层都已经钻研通透的特色建设战略，是全校师生的行动方案。大家在自己的岗位和"点位"上工作，知道上下左右的工作流程和功能，彼此默契配合。

（三）建好课程群，培育"文创 DNA"

"文创 DNA"是我校自创的带有校本特色的概念，我和同事们依此分类设计了培育学生文创素养的特色课程群。

"文创 DNA"使用了设计（Design）、新颖的（Novel）、审美的（Aesthetic）三个英语单词的首字母，属于比较形象的说法，目的是把文创作为基因植根在学生发展过程中，使学生具有文化理解、创意表达、审美情趣的文创特色素养。

学校分类设计文创特色课程群，根据不同的目标指向，把课程分为语言文字类、表演艺术类、数字传媒类三大类（共计 44 门课程）。学校通过专业拓展活动、创意工作坊活动、社团活动、学科拓展活动、专题教育活动，为学生提供丰富的课程选择。学校创意工作坊专业特色课程见图 2 - 4，创意工作坊特色课程群见表 2 - 1。

目前，知识发展已从分化走向综合，跨学科知识成为重要的知识领域。特色课程群是根据学生发展需求和学校实际情况建设的、富有特色的、能够促进学生个性化发展和学校特色发展的延展性课程群。特色课程群强调课程间的关联性和群体自身的生长性。发展心理学相关研究成果表明，当知识相互联结时，学生的学习效果最好，因为个体是基于其背景和生活经验，以整体的、连续的方式来建构知识的。

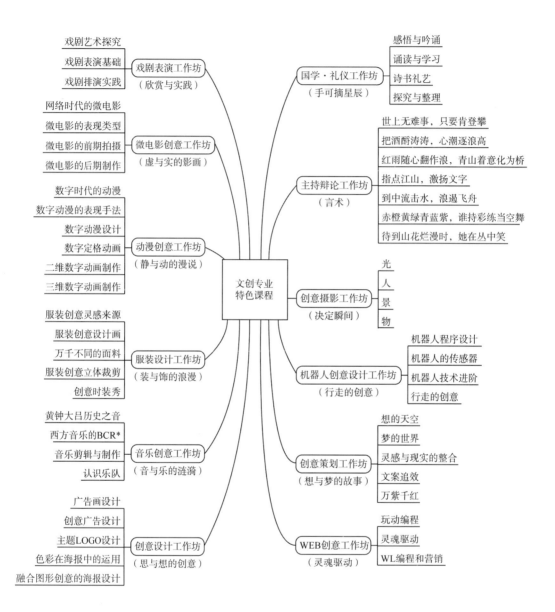

图 2-4 创意工作坊专业特色课程

---

* BCR 是西方音乐发展过程中巴洛克时期（Baroque）、古典主义时期（Classical）、浪漫主义时期（Romantic）的英文首字母缩写。

表 2 - 1　创意工作坊特色课程群

工作坊名称	课程名称	课程设置
机器人创意设计工作坊	初识机器人课	机器人设计理论课程
	机器人编程课	图形化编程课程
		LEGO 语言学习课程
		个性化机器人设计课程
	控件、传感课	图像处理课程
		计算机视觉处理课程
		信息融合课程
	机器人控制课	机器人自动控制原理课程
	实践课	WER 机器人操控课程
		LEGO-EV3 机器人操控课程
创意摄影工作坊	摄影通识课	摄影发展史课程
	摄影入门课	初识相机课程
		相机的设置课程
		视觉心理学课程
	拍摄技巧课	光与色彩课程
		取景与构图课程
		画面造型课程
	摄影实践课	棚拍人像课程
		环境人像课程
		风格建筑摄影课程
	摄影后期课	图片处理课程(Ps)
		胶片相机暗房技术课程

（续表）

工作坊名称	课程名称	课程设置
动漫创意工作坊	动漫通识课	3D动画、数字产业课程
	绘画设计课	色彩基础课程
		人物造型设计课程
		场景构图设计课程
	动漫创作课	原画设计课程
		动画剧本设计课程（分镜头脚本设计）
		动画视听语言基础课程
	基础软件课	二维软件课程（Ps/Flash）
		三维软件课程（3Ds max）
		后期软件课程（Ae/Pr）
	动漫实践课	动漫制作课程
		游戏和影视中的动画技术课程
戏剧表演工作坊	戏剧通识课	中外戏剧史导赏课程
		经典作品分析课程
	戏剧表演课	戏剧表演基础课程
		戏剧台词/语言技巧课程
		戏剧形体技巧课程
	戏剧创作课	台词研读课程
		人物表演形象塑造课程
		戏剧剧本创作课程
	舞台设计课	舞台化妆设计课程
		舞台服装设计课程
		舞台灯光通识课程
	戏剧实践课	剧场实践基础课程

（续表）

工作坊名称	课程名称	课程设置
微电影创意工作坊	艺术通识课	中外电影史课程
		经典电影分析课程
	剧本创作课	故事创作课程
		剧本写作课程
	微电影制作课	视听语言基础课程
		蒙太奇基础课程
		分镜头脚本创作课程
	微电影拍摄课	摄影摄像基础课程
		基础照明灯光课程
		基础声音录制课程
	基础软件课	后期制作课程(Pr)
	微电影实践课	微电影制作课程
创意设计工作坊	创意设计通识课	创新设计理论与方法课程
	创意设计课	版式设计课程
		图形设计课程
		平面构成课程
		色彩构成课程
		材料与三维课程
	创意设计实践课	创意绘画课程
		形象产品设计课程
		产品包装设计课程
		创意广告设计课程
	创意策划课	文案策划课程
		创意产品营销课程
	基础软件课	Ai/Ps 软件基础课程

（续表）

工作坊名称	课程名称	课程设置
音乐创意工作坊	音乐通识课	中外音乐史课程
		经典音乐欣赏课程
	音乐专业课	基础视唱练耳课程
		基础乐理课程
		当代和声技巧课程
		个性作曲课程
		基础指挥技能课程
	器乐课	经典影视作品音乐演奏课程
	录音技术课	MUIDI 音乐制作理论课程
		实践录音课程
	舞台课	舞台策划设计课程
		舞台表现课程
		"服、化、道"设计课程
服装设计工作坊	服装设计基础课	服装史概论课程
	服装设计认知课	服装设计原理课程
		服装效果图技法课程
	服装设计课	色彩搭配课程
		服装材料课程
		图案设计课程
		服饰配饰设计课程
	服装设计工艺课	缝制工艺课程
		立体裁剪课程
		服装包装课程
		用户体验与服务设计课程
	服装设计实践课	时装与功能性运动装设计课程
		未来校服设计课程
		国际时尚节创意设计课程
		创意礼服设计课程

（续表）

工作坊名称	课程名称	课程设置
主持辩论工作坊	主持辩论基础课	辩论概念课程
		辩论赛赏析课程
		气息与发音课程
		应变能力训练课程
	主题辩论课	辩论思维课程
		辩论语言特点课程
		辩题研读课程
	主持播音课	播音发声课程
		播音形体气质课程
		播音与主持技巧课程
	辩论实践课	实战辩论赛课程
		即兴评述技巧课程
	主持实践课	主持播报/播读课程
		自我介绍训练课程
国学·礼仪工作坊	国学通识课	中国古代文明课程
		中国古代经典课程
	国学修养课	礼乐文化课程
	经典经史课	经典经史诵读课程
		经典经史赏析课程
		礼乐课程
	传承实践课	古琴课程
		创意掐丝珐琅课程
		点茶品茗课程
	实践课	国学·礼仪展示课程

我校特色课程群是相互关联的,可以融为一体,整合成项目推进实施。创意工作坊是特色课程群的核心力量,也是"美育引领·创意发展"的策源地、根据地。例如,创意策划工作坊和 WEB 创意工作坊出方案,其他创意工作坊把这些方案转化成具体产品的"生产线",出作品、出精彩、出效果,它们之间是相互联通、彼此促进、协同发展的。

二、特色课程有保障,机制运行较流畅

(一) 装点此关山,今朝更好看

为了改善文创特色课程的教学条件,学校建设了上下五层、面积超过 5000 平方米的文创大楼。除了计算机中心、图书馆、咖啡吧,学校还为创意工作坊的特色教师和助教人员配备了面积不等的创意工作坊,从根本上改变了教师在家中备课、无场地指导学生的尴尬局面。学校大力支持文创实验室和文创体验场馆的建设,加大对国内外文创图书资料、资源等的采购力度,支持文创发展中心与上海视觉艺术学院、德稻教育集团、上海戏剧学院、北京外国语大学等相关文创基地的交流联系。

(二) 打开新空间,创意无极限

笔者在 2018 年出版了一本专著《办学空间学》,主要介绍了在原校区 15 年的办学过程中,如何进行九大空间建设,实现空间育人。之后,我校搬离了原来的校园,搬进了崭新的现代化校园。随着办学规模的扩大,办学层级的提升,办学需求的增加,笔者愈加真切地体会到,要培育学生的创意素养和核心素养,拓展文化创意空间的建设是全方位、无止境的!

学校全力支持文创素养培育教师与艺术场馆、文创场馆、艺术院校、博物馆等部门的教学合作。中华艺术宫、上海博物馆、上海话剧艺术中心、上海吕凉戏剧艺术发展中心等文创专业机构,都是学校的合作单位。学校定期聘请文创领域的专家、学者、教授、企业家等举办文创特色论坛。学校在部分文创单位建立实训基地,为学生接触、了解文创提供便利。学校重点支持文创素养培育教师承担校级教学改革项目,并鼓励他们把相关成果转化为教学实践,动手设计和

制作文创产品。学校支持学生通过文创发展中心参与社会文创基地的实践活动。

（三）栽好梧桐树，引得凤来栖

特色课程再好，实践基地特色再浓，如果没有热爱文创的教师来落实，特色也是实施不了、显示不出来的。教师对于学校来说是最大的资源、最重要的财富。学校非常重视特色教师的培养，支持并资助特色教师到北京大学、中国传媒大学、中国人民大学、上海戏剧学院、上海交通大学、北京外国语大学、北京电影学院、早稻田大学等国内外知名院校进行培训学习。

笔者非常重视特色人才的引进，尤其重视文创专业领域人才的引进。学校先后引进了早稻田大学文创产业专业硕士研究生、上海交通大学设计学院毕业生、上海视觉艺术学院毕业生等一批文创专业院校的毕业生到校任教专业课程。学校还加大力度招募在国内外文创领域有一定知名度的兼职教授，如国际平面设计师联合会副主席王敏，德国红点设计奖和国际设计论坛奖获得者、时装与机能性运动装设计师白福瑞，动画和实景电影角色表演导演、德稻动画角色表演大师欧蕾等。

（四）资源研发广，内核驱动强

我校文创素养培育特色课程资源分为两个方面。

一是选用教材系列。学校会根据各类特色课程的目标、内容、形式，选取现有的、符合本校实际的特色课程教材，如《服装设计原理》《动漫游戏道具制作》《故事创作教程》。

二是自编校本教学手册。在文创素养培育课程发展过程中，我们在专家的指导下编写、试用、修改、完善部分教学资料，使其成为校本教学手册。目前，学校编写教学手册、配套手册和指导手册 23 本，还开发了 13 门慕课。其中，由笔者主编、文创特色教师联合编写的《影视与数字媒体艺术实践》是上海市新教材《艺术》分册选修课教材，由上海教育出版社出版，已在全国公开发行。

（五）三位一体，聚焦特色育人

学校通过制定《文创素养培育课程实施方案》《拓展课、研究课质量评价及满意度调查方案》《绿色评价师生关系方案》《课程过程管理及评价指标》等,全方位地规划课程教学常规管理工作。学校采用多元评价方式,通过课程实施调查、教学效果评价、学生学业评价等,确保课程、教学、评价三位一体,聚焦特色育人。

教师评价上,学校在课堂教学效果评价表中设计了"创新创意特点"一栏。学生评价中,我们不单一用文化学科的成绩来衡量和评价学生,而是用综合素质发展评价来激励学生,促进学生个性化成长。

评价时,我们把形成性评价与终结性评价相结合,以形成性评价为主;把自我评价与他人评价相结合,以自我评价为主;把激励性评价与管理性评价相结合,以激励性评价为主;把教师评价、学生自评与互评相结合,教师评价把学生课堂学习表现、学生作业完成质量作为评价依据,学生自我评价主要关注自我学习参与度与自我表现。

第三节　品类之盛:创意课程类型显特色

有什么样的课程,就会培养出什么样的学生。在保质保量完成国家课程的前提下,我们通过校本特色课程的设计发挥学生的特长。课程设计好了,在接下来的课程实施环节,就要聚焦课堂教学,形成师生联动、生生合作。组织有章法,运作要到位,才能实施有成效。

一、通过课堂教学改进来高质量落实国家课程的综述

为了落实"双新",笔者提出了"必修课程人人达标,选择性必修课程各展所长,选修课程个性专业发展"的实施策略。

实施"二期课改"时,上海强调落实三维目标,注重基础型课程、拓展型课程、研究型课程三类课程。那时,笔者提出的落实策略是"基础型课程人人达标、拓展型课程各展所长、研究型课程人人经历"。随后,针对三类课程,组织教师参与了各自学科的三维目标细化,基本达到每节课都在落实三维目标,形成

资料 60 多万字。

从 2012 年开始，我校探索实施"四步八字教学法"，即"准备、研讨、反馈、讲评"，提出"以生为本，先学后教，当堂反馈，扎实高效"的课堂教学要求，并用教学分层度、学生参与度、策略有效度、美育渗透度、目标达成度的"五度课堂"评价方式来评判课堂教学实施的效果，落实国家课程。

2015 年，学校提出"五美课堂"要求，即"规范美、科学美、策略美、艺术美、和谐美"，促进课堂教学改进，落实国家课程。2018 年，学校开始尝试"学生主创、教师启创、教材再创、媒介助创"的创意课堂。

2020 年，经过专家指导，学校提出了以情境体验、审辨想象、文化理解、创意表达、审美情趣为特征的"五维课堂"创意教学要求，落实学科核心素养培育，并结合学校文创特色素养培育，高质量落实国家课程。

学校采用对话式研讨、案例式分析、问题式探究、实践式体验等生动的授课方式，鼓励学生以兴趣和课题为纽带，组成形式多样的学习小组，立足自我、自主研学；积极互动、合作交流；基于研究、创意实践；个性成才、形成品质。

学校虽然不超标、不超纲、不增加课时、不加班加点补课，却能做到办学质量持续提升。学生发展后劲足、潜力大，能够证明学校高质量地落实了国家课程。

二、落实课堂教学改进的过程

学校注重立德树人，全面实施素质教育，持续推进课堂教学改革，提升教学质量。可以把我校在新时代落实课堂教学改进的过程概括为三个阶段。

（一）"五度课堂"落实三维目标阶段（2005 年 9 月至 2015 年 6 月）

学校通过改变教师教的方式来改变学生学的方式，提高课堂教学的效率和质量，从而留出时间，激发学生的个性化潜能。这一阶段，学校提出"五度课堂"要求，即"教学分层度、学生参与度、策略有效度、两纲渗透度、教学实效度"，积极推进"四步八字教学法"（见图 2-5）。全学科做到以生为本，先学后教，讲练结合，注重研讨，讲究实效。

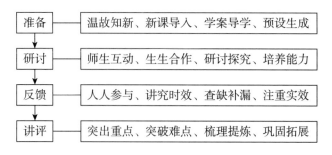

图 2-5 四步八字教学法

学校以三维目标为基准要求,重视师生的身心健康与持续发展,不断提高教学质量。学校编制了"学科课堂教学基本要求",作为落实课程标准与学科要求的校本教学资料,确保每个学科的课堂有容量、有难度、有坡度、有节奏,切实提升课堂教学效果。学校不希望通过增加作业量、搞"题海战"来提升课堂教学质量,而是重视学生的主动投入度、师生互动、生生研讨、当堂反馈,在此基础上提升课堂教学质量。

(二)"五美课堂"涵育审美素养阶段(2015 年 9 月至 2018 年 6 月)

这一阶段,学校开展了自上而下的实施探索,提出"五美课堂"(见图 2-6),着力培育学生审美素养,提升课堂教学效率和质量。

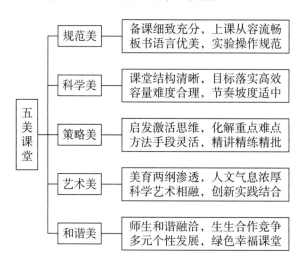

图 2-6 五美课堂

学校制定了绿色课堂评价指标,鼓励教师先行先试,积极主动申报"五美课堂"实验。通过两轮"五美课堂"实践探索,教师在教学过程中,逐渐开始有意识地采用系统化教学、开放性教学、体验式教学等方式,提高学生的参与度,调动学生的积极性,同时采用小组合作学习、项目化学习等方式,变革教学方式,提高教学效率。

(三)"五维课堂"涵育核心素养阶段(2018 年 9 月至今)

《普通高中课程方案(2017 年版)》中明确指出,在新课程实施阶段大力推进教学改革,要求在教学中"关注学生学习过程,创设与生活关联、任务导向的真实情境,促进学生自主、合作、探究地学习,注重对学生学习过程的评价,推进信息技术在教学中的合理应用"。从 2018 年起,各学科教研组组织教师一起学习新课程标准。根据"双新"要求,学校提出了"五维课堂"(见图 2-7)创意教学要求,在实施新课程、新教材,落实学科核心素养的同时,培育学生的特色文创素养。

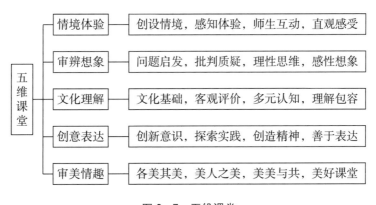

图 2-7　五维课堂

从 2019 学年起,各学科依据创意课堂范式研讨制定了学科教学模式,编写了《学科落实文创素养校本化实施指南》,细化制定了《学科落实文创素养任务分解表》。学校创设了平等的课堂沟通氛围,让学生在教师创设的情境中感知体验,敢于思辨;设计了创意的活动,激发学生的想象力;重视文化基础,引导学生多元认知,懂得包容理解,让学生积极探索实践,乐于思辨表达;重视课堂审美元素,让学生懂得展示个人的长处,欣赏同学的优点,美美与共,提升核心素养。

三、特色课程与"三修"课程的有机融合

（一）必修课程中特色的有机融合

学校制定了《学科渗透文创素养培育教学实施方案》《学科落实文创素养校本化实施指南》《学科落实文创素养任务分解表》。全体任课教师深入挖掘文创特色课程与各学科必修课程的教学结合点，有效整合各学科《课程标准》中的核心素养与文创素养。学校连续开展了四届"落实文创素养，聚焦创意课堂"的教学评比活动，其中，语文教师李卫华推出了"有故事的语文课堂"，数学教师何洁用动画模型演示了"椭圆中与面积有关的取值范围问题"，音乐教师周曦把"中国风"元素融入声乐教学，英语教师沈佳新用思维地图对英语介词教学进行了可视化的创意设计……

（二）必选课程中特色的广泛关联

针对选择性必修课程，学校根据学生的个性品质、兴趣爱好、生涯发展需要，采用让学生自主选择、教师适当引导的方式来具体落实。

文创特色课程与选择性必修课程的广泛渗透体现为，在语、数、外、政、史、地、理、化、生等学科中，有效渗透情境体验、审辨想象、文化理解、创意表达、审美情趣这五个文创特色素养，提高文创素养培育的可操作性，使学生各展所长。

政治学科，以高二哲学"世界的物质性"为例，师生确定总议题和子议题。围绕相关议题，学生分小组开展主题活动。学生小组合作，搜集论据以印证观点，要求论据能支撑议题，且逻辑思维一致。学生在搜集论据以及论证的过程中，运用自己的知识储备和理解领悟（文化理解）能力，也可借助自己的自然科学和社会科学知识，展开合理的想象并能合乎逻辑地证明自己的观点，做到自圆其说（审辨想象）。最后，每个小组派一位代表概括陈述核心观点，陈述形式多样，可利用文献综述汇编、专项科研成果、考古研究成果等多种资料，运用图片、音频、视频等佐证观点（创意表达）。在不同的文化理解和思想交锋中，学生得出正确的观点，获得正确的政治认同，最终增强"内化于心，外化于行"的自

觉性。

历史学科，以高一历史"诸侯纷争与变法运动"为例，教师在课前引入情境（情境体验）"周幽王烽火戏诸侯"，引导学生理解西周末年礼崩乐坏、王室衰微的时代特征（审辨想象），以此为契机引导学生探究春秋战国时期社会变革的主要推动力是生产力的进步（文化理解），并在此基础上组织学生交流评价商鞅变法和百家争鸣所体现的时代潮流（创意表达）。

地理学科，以高一地理"中国地域文化"为例，教师通过两首不同风格的民族歌曲，创设情境，激发学生的兴趣（情境体验）；通过分析不同地域文化特点和环境的关系，提升学生分析地理问题的能力（审辨想象）；引导学生理解中国各地多样的文化，尊重少数民族的风俗习惯（文化理解）；引导学生叙述中国地域文化区的一些典型文化现象，能解释地理环境对一些文化现象的影响（创意表达）。

物理学科，以"自由落体运动"为例，教师围绕"物体下落快慢与质量的关系"提出问题，创设情境，创造认知冲突，激发学生进行实验探究和文献研究的兴趣，培养学生的审辨想象能力。通过寻找资料，动手实验，最后以幻灯片和实验结果的形式展示交流，学生提高了创意表达能力。

化学学科，以"氧化还原反应"为例，教师课前通过防疫消毒剂情境导入（情境体验），引导学生猜想双氧水的性质，设计实验，小组合作，探究论证；引导学生建构氧化还原反应中的强弱规律、守恒规律、价态规律等；引导学生应用氧化还原反应的知识解决生活中的问题，评价不同消毒剂的消毒效率，提高创意表达能力。

生物学科，以"血糖调节"为例，课堂教学中，教师采用分组讨论、绘制流程图、表述分析等多种形式培养学生的科学精神，在讨论中培养学生的审辨想象能力，并用不同的表达方式展现结论，以提高学生的创意表达能力。

（三）选修课程中特色的亮点呈现

针对选修课程，学校根据师资特点，以文创特色课程为主要内容，加上兴趣类和学科类拓展课程，培养学生的专业研究能力。

一是以选修课程的方式分类、分层实施。学校共开设了 28 门自主选修课程,学生根据自身兴趣和发展需求自主选择,高一学生全部参加学习,每半年可以重新选择一次。

二是依托各学科渗透实施。例如,平面设计系列课程主要依托美术学科开发;机器人编程课程主要依托信息技术学科开发;国学传统哲思课程主要依托语文学科开发。此外,学校高度重视立德树人和社会主义核心价值观的培育,围绕文创素养培育开展各类专题教育、主题活动和实践活动,其中,动漫创意工作坊创作的"24 字核心价值观"系列动画作品,被中国文明网的头条刊登。

学校还组织编写了"北京外国语大学附属上海闵行田园高级中学研究性学习学生指导手册""北京外国语大学附属上海闵行田园高级中学研究性学习学生记录手册"等,购买了一大批创意类专业书籍,为学生开展研究性学习提供书面支持和行动指南。2021 届文创实验班学生陈怡宁,就是在研究性学习中提升文创素养的典型。她以跨学科的知识积累、流利的英语口语表达实现了英语学习、研究性学习和美术专业设计的全方位发展,如愿考入文创名校美国芝加哥艺术学院深造。近年来,我校学生共申报了 104 个文化创意实践研究性课题,其中,区级以上获奖课题 40 多个。

四、特色课程实施的"用武之地"

(一) 下棋有招,招招出奇

1. 项目式课程统整策略

项目式课程统整策略即采用以问题为导向的教学方式(Problem Based Learning,以下简称 PBL 项目式学习方式)。这是一种基于情境的,学生主动合作、探究完成任务的学习方式。创意工作坊课程就是采用项目式学习方式的典型案例。学校各类活动策划、环境布置、方案落实等都采用了项目式学习方式。例如,动漫 3D 人物造型设计与制作,就是动漫创意工作坊、3D 打印工作坊和服装创意工作坊合作的项目化学习案例。

2. 跨学科内容整合策略

学科整合把学生置于一个更加广阔的空间，使他们有机会同时接触到不同领域的内容，形成"一对多"的碰撞与对话，取长补短，有助于锻炼学生的批判性思维，使专题学习焕发活力。课程的实施要整合两门或多门学科的知识，例如，学生参与了学校常规节庆活动的设计、组织策划、海报宣传、道具制作、议程编排。这提高了学生的创造能力、设计能力、成本核算能力，涉及多学科知识和技能的融合。

3. 实践体验专题学习策略

专题学习是以情境任务为载体，以解决问题为目标，以自主、合作、探究为学习方式，以资源整合与活动整合为途径，以学生文创关键能力的培养为目的的学习模式。例如，学生参与了学校1000多米的围墙、学农基地800多米的围墙以及学校窨井盖的创意绘画、文化衫的文创图案印制、礼品袋的文创图案烫印等。作为上海市场馆教育基地学校，参观体验全市各类艺术馆、科技馆、博物馆等，都是学校课程实施的载体。

（二）荷花玫瑰，各有精彩

可以用"荷花玫瑰，各有精彩"这个比喻，来形容学校课程实施方式的多样化。具体来看，包括以下几方面。

课程层级上，普及与专业相结合。学校专门开设了面向高一学生的文创通识课，让学生对文创有基本的认识和感知。文创通识学习后，学校为部分对文创感兴趣的学生提供了文创进阶课程，帮助其拓展知识，在此基础上提供专业文创课程，作为学生高考专业选择和未来职业定向的专业预备课程。

课程互补上，特色课程与"三修"课程紧密结合。校本课程中的创意工作坊特色课程，与文化类学科必修、选择性必修、其他选修课程紧密结合。文创特色课程运用各学科的知识进行文创探索活动，文创课程中的创意活动、创意表达、创意素养，全部迁移到"三修"课程中。因此，高一年级每周占用3至4节课进行文创特色课程的学习，不仅没有影响学生文化课的成绩，还让学生在区级质量统测、学业水平考试和等级考试中实现超越，在高考综合评价中表现出彩。

课程学时上,长短课时组合。全校学生必修的普及型课程,内容丰富,难度要求不高。学校会根据课程内容需要安排不同的课时,以不同长短学程课程包的方式有效实施。

学习方式上,三方面结合。一是课内与课外结合。文创特色课程以实践活动为主,每逢节假日,学校会组织学生参观各类场馆,开阔眼界,打开思路,激发灵感,甚至会让学生参与相关场馆的布置与活动设计。二是线上与线下结合。学校开发了15门线上特色课程供学生体验尝试。寒暑假里,我校教师还组织了线上夏令营和冬令营活动,面向校内外学生,供大家选择体验。当文创成为学生的生活方式时,各种渠道与模式的有效学习就实现了。三是师徒带教结合。在校的学长和毕业升入大学深造的校友带学弟、学妹入门。互联网时代,学生在某些方面超过教师,在文创课程学习中是常态。师生教学相长,既融为一体,又相互促进提升,以学习共同体的方式共同进步。

课程选择上,以满足学生个性发展和个性需求为基准。学校采用多种方式来实施课程。例如,学生可以优先选择有基础的课程,也可以选择零基础的课程;可以同时选择学习多门课程,中途放弃某门课程或转班学习。

课程评价上,从过程性资料、文创产品、创新表达等维度,用自评、互评、师评等方式进行评价。灵活多样的评价方式有利于激发学生的创新火花,客观评价学生的创新意识、创意思维、创新能力,让学生对自己的创意思维、创新实践永远充满信心。

课程辐射上,由近及远。学校文创特色课程以夏令营和金葵少年宫的组织形式,辐射至颛桥学区、闵行区、上海市甚至全国。学校用线上线下相结合的形式,让学生随时随地进行学习、交流、体验、实践,让文创成就学生。

(三)车成其列,行有其轨

可以用"车成其列,行有其轨"这个比喻,来形容学校课程实施载体的丰富性。学校特色课程实施载体建设过程中,遵循由创意工作坊辐射到全校各类空间、由校内拓展到校外的原则,力求实现创意素养培育的点面结合、总分结合、校内外结合、理论实践结合。

1. 注重特色课程实施的实验室空间建设

学校建设有文创特色创新实验室、文创特色活动场馆。每天都有学生刷卡进入这些文创实验室，使用率非常高。STEAM 教室、WEB 创意工作坊、人工智能创新实验室、生物组培创新实验室、头脑风暴室、图书馆、咖啡吧等地都能满足学生特色学习的需求。

2. 新校区为文创特色课程实施提供了广阔的空间

文创大楼为文创特色课程实施提供了充分的空间保障，除此之外，学校每年还会举办"我的文创博物馆"作品征集展览活动，展示学生富有创意的文创作品。活动中，走廊里、墙面上（校园专门设有四块海报设计展示栏）、楼梯上、篮球场、食堂、宿舍等都闪现着学生的文创智慧。学校的笑脸墙、师生形象照、校外文化墙的绘制，都由学生创意设计完成。学生每年在学校窨井盖上画的不同主题的创意绘画，成为校园一道靓丽的风景。小剧场、录播教室则是文创特色课程和活动成果集中展示的舞台。教室外的班级介绍栏、教室内的读书角、班级宣传板报等，都彰显了文创素养与基础教育的高度融合。

3. 积极开发实践体验课程的校外实践基地

自 2005 年起，每年学校都会组织师生去上海音乐厅、上海东方艺术中心等欣赏新年音乐会。中华艺术宫、蔡元培故居等为我校师生考察学习提供了资源支持。寒暑假里，学校会安排学生到上海博物馆、上海美术馆参观，作为学生必修的特色课程。去颛桥镇光华路文化创意产业园参与文创活动，是学生乐此不疲的课外学习活动。IF 创意园区为我校师生提供了国学传习基地。参观虹桥文创中心让学生大开眼界！更有企业为学校捐赠了近 200 万元的文创设备，供学生感受、体验文创的魅力。

第四节　百花齐放：创意课程实施多渠道

笔者非常重视学生学业负担的适度性、合理性。学生没有学业负担或者负担太轻，并不利于他们对知识的掌握、积累和运用，不能有效激发他们的潜能,从而无法促进他们的健康成长和发展进步;但如果学生学业负担太重,也一定会影响他们的身心健康和全面发展。学校按照全面发展的要求,尽力追求科学减负,优化学生课业,努力使学生学业负担保持在合理的、适度的范围内。

一、立规范,科学合理轻负担

从 2005 年开始,我就和同事们一起研究作业的有效性,为学生减轻不合理的作业负担。在充分调研作业方面存在的问题后,我们研讨出台了作业管理规定,从八个方面规定了作业布置、批改、反馈的要求,以及师生各自的义务和权利。例如,作业应分层,基础性作业人人完成,提高性作业由基础较好的学生完成,挑战性作业由学科尖子生完成;批改时要有能力分和态度分,每次作业的20%要精批或面批等。我们努力按照全面发展的要求科学减负,优化学生的作业,使学生学业负担保持在合理、适度的范围内。这不仅保证了学生学习的有效性,还让学生劳逸结合,身心健康,茁壮成长。

每年 10 月,我们还会开展"作业月"活动,全面落实作业设计和完成的"八字要求"(即有效、限时、分层、创意),把学生每天写作业的时长控制在 2 个小时以内,规定不得超时增量。我们把文创特色课程合理地安排在学校规定的每周标准课时内,确保"三修"课程都融入文创特色素养。合理而有效的作业,使学生在学有余力的情况下能把更多精力投入到自主研修、个性发展和文创素养提升中。许多学生取得了令人瞩目的成绩。例如,杨淼、蔡韩沁、沈朗牧、楼逸昊、张振贤、郭浩然、吴玉琳、刘辰元、王晓莱、张依依等同学在完成常规学业之余,全力发展自己的个性特长。考入理想大学后,他们中有的人在国际服装设计大赛中获奖,有的人成立了自己的文创公司,有的人进入电视台担任导播,有的人在大学任教文创课程……还有八位爱好写作的学生,利用写完作业后的时间,用文字表达自己的思想情感。在高中三年时光里,他们各自出版了书籍。这些校友常常回到母校看望特色课程教师,或者担任学校创意特色课程的助教,成为全体在校学生的榜样。

二、辅以学,配置有效学习系统

(一) 采用创意教学模式

学校利用 Online＋Onsite 的创意教学平台,根据学生的学习基础、能力、兴趣差异和个性化需求,线上线下相结合,为学生提供学习支持,同时为教师改进教学提供丰富的数据。"钉钉""腾讯会议""一起作业"等平台的线上学习加现场课堂教学的方式,让学生很快适应高中阶段的学习,主动提升特色素养。学生可以在网上自主学习,并能得到在线辅导。线下部分的文创素养培育课程,能帮助学生了解各门课程的内容、特点和研究方法,引导学生更好地用自主、合作、探究的方式实现有效学习。

(二) 双导师制,利教利学

在选择性必修课程的学习中,学校建立了双导师制学习支持系统。学校很早就组建了一支以校内课程教师为主、校外兼职教师为辅的双导师团队,线上线下结合,校内校外联合,更好地引导学生自主学习、学会合作、拓展提升。

(三) 世界课堂,用好全球资源

学校依托上海视觉艺术学院和德稻教育集团,把全球多所高校联盟课程同步推进在学校创意课程实施中。学校利用互联网和国内外专家共同探讨课题,通过全球化大数据平台、电脑端、平板端和手机端,实现跨学科交叉学习,培养学生的复合能力,让学生学会融合学习。2020 年以前,学校每年都会组织部分学生到美国伯克利大学、英国剑桥大学等进行短期研学。学校围绕"创新"主题,开展"与大师对话"活动。2021 年,田园学子聆听了两场生动的国际行业大师演讲。德稻数字媒体艺术大师欧蕾教授把"什么是故事"作为开端,对"动画、游戏和互助媒体的故事结构和发展"进行了生动的讲解。德稻品牌战略大师白福瑞以"品牌塑造的重要性"为题,从品牌打造的求真(Truth)、求质(Quality)、始终如一(Insist)角度讲授了"品牌的概念""创新的意义""实践操作案例"三部分的内容。

三、用尺子,评学评教成序列

(一) 审:这把尺子周又严

对文创素养培育课程的审议性评价,学校是这样操作的:

在特色课程实施前,组织专家团队和学校教师进行课程评估,论证课程目标是否符合现代社会发展对学生培养的要求,是否有利于学生的可持续发展;论证课程内容是否符合学生的年龄特点和现有知识结构的特点;论证教材结构框架是否清晰,难易程度是否循序渐进,课程内容是否科学、是否具有时代性和较强的启发性,能否突出学生创新能力的培养等。

在特色课程实施中,组织专家团队和校内指导团队全程监测课程实施过程,监测教师是否采用了知识学习、动手操作、社团活动、创新实验、社会实践等多样化的途径,教学方法的选择是否科学有效,有没有真正维护和落实学生的主体地位;监测课程评价是否具有较强的可操作性、方法是否科学、课程实施是否关注学生的学习体验、学生对课程的满意度如何、课程评价是否具有激励性等。

在特色课程实施后,做好对学生学习的反馈工作。反馈内容包括学习内容的难易程度、操作实效等。学校根据相关结果反思改进、更新迭代,使之日臻完善。

(二) 展:这个园地邀人看

这是文创素养培育课程的展示性评价。由"育分"到"育人",改变单一的评价方式,关注学生的价值观念、关键能力和必备品格,用真实的活动表现来评价学生。展示性评价借助客观测验以外的行动、表演、展示、操作、写作等来评价学生的表达能力、思维能力、创造能力、实践能力。展示性评价的特点是:评价时要求学生演示、创造、制作或动手做某事;要求激发学生高水准的思维能力和解题技能;把有意义的教学活动作为评价任务;唤起真实情境中的运用;人工评判而不是机器评分。展示有多种表现形式,可以采取小组展示形式,也可以采取个人展示形式,还可以采取"小组秀+个人秀"的方式进行,以此来体现学生的文创素养水平。

（三）看：结果、过程都要看

这是对只看结果不看过程的一种矫正。在进行文创素养培育课程的过程性评价时，学校把学前准备、学中过程、成果呈现、对学生评价的引导，作为评价学生参与文创素养培育课程学习的观测点，分别制定了适用于文创特色课程与实践体验类课程的学习评价表，以及适用于全课程的学习评价表。学校把资料查询、学习动机、预判与设想作为学前准备阶段的评价指标，把自主选择能力、操作技能、设计或创新能力、反思修正能力、团队合作能力作为学习过程评价指标，把内容、形式、结论作为成果呈现的评价指标，来检验学生学习和文创素养培育的实际效果。评价结果划分为杰出、优秀、合格、不合格四个等第。

（四）评：综合评价无偏颇

文创素养培育课程的综合性评价十分重要。学校结合高考改革，把课程学习评价与综合素质评价结合起来，构建学生发展长期跟踪与反馈数据库，形成学生综合评价体系。我们把对学生文创素养的评价作为学生综合评价的重要组成部分，定期对学生进行调查和访谈，通过样本研究有效监控特色育人实效，并根据实际情况进行动态调整。例如，参加相关竞赛获全国等第奖、上海市一等奖的，评价为杰出；参加第二层级特色课程学习或参加相关竞赛获得奖项的，评价为优秀；修完特色课程，成绩合格，积极参加相关实践活动的，评价为合格；没有修完必修特色课程或成绩没有达到合格要求的，评价为不合格。由教学管理中心定期组织考试和考查，每学期把信息上传至上海综合素质评价博雅平台，形成学生综合评价数据库，为学生发展追踪和教育改进提供依据。

第五节　惠风和畅：创意课程特色展风采

特色课程架构好了，如何实施好特色课程，并展现出特色课程的成效和风采，这要求我们注重特色教师团队培育。

一、特色育人,培育师资团队

学校安排了制度化的特色教师教研活动,规定每周五上午召开教研组组长例会,重点是研讨如何围绕文创特色,在全面落实"双新"理念、培育学生核心素养的前提下,改进课堂教学,落实文创素养培育。从"四步八字教学法"到"创意课堂",教师每学期研讨 15 次左右,每次活动都有围绕主题的主发言人。各教研组每学期活动不少于 8 次,各教研组积极开展创意课堂的实践,教研组组长、骨干教师、青年教师积极主动申报。经历四届创意课堂教学改进实施项目,参赛教师达到 100%,学校积累了大量的创意课堂优秀课例。"创意课堂"系列活动还就"双新"实施中遇到的问题、实施策略、改进举措及时进行交流研讨,对组建特色教研共同体、培育特色师资团队、促进课程教学改进发挥了非常重要的作用,让参与者对本学科如何培育学生文创素养,从点到面逐步达成共识。

二、与时俱进,融合现代技术

融合现代技术,能够丰富学生的学习方式。在改进教学方法、促进学生深度学习方面,笔者有两点体会。

(一)教有术,学有方

"双新"背景下,学校采用了情境体验、任务驱动、项目融合等教学方法,在此基础上开展问题探究、小组学习、合作交流,引导学生不断深入学习。如语文组、英语组的课本剧表演,颠覆传统课堂,改变教学方式,让学生的学习有趣、生动、有效。理科教师基于真实情境,由问题驱动,启发学生思考,引导学生在探究中发现科学的美、逻辑的美、形式的美。学生的创作激情和创新意识被不断点燃,文创作品频频涌现。如在"文创博物馆"作品征集活动中,高二年级的高傲等三位学生共同创造的文创作品《初升》获得了一等奖。他们先用一次性环保纸杯创意组合,设计出了浮世绘风格的蓝白色海浪,再用涂满黄色涂料的圆形纸杯设计出冉冉升起的太阳,象征着有无限可能的文创产业。充满想象力和创意,能够动手制作文创产品并进行展示,这些学生就是未来文创产业的后备人才!

（二）信息化，更优化

学校拥有硬件管理一卡通、智能刷脸测温、希沃一体机等现代化信息化设备，能够满足学生实时学习的需求。学校开发了 23 门线上课程，引进了钉钉、微信、晓黑板、问卷星、极课大数据等技术，能够完成线上教学、答疑、辅导、测试、数据跟踪和分析、调查、访谈、教研活动等各类教育教学活动。学校建立了文创素养培育学习资源库。这些文创特色课程、课件、资料库和数据，体现了教学技术手段的信息化和现代化。

学校依托德稻教育集团创立了新颖的"世界课堂"，能够让学生与世界各国的中学生随时交流。"世界课堂"的创新模式和实践，为广大师生展现出信息时代教学变革所带来的全新价值和能量。这将成为未来文创人才培养的一个改革方向。

2009 届毕业生林子，当年考入同济大学英语系，本科毕业后考取英国牛津大学教育学硕士研究生，现为在读博士兼剑桥、牛津大学上海校友会秘书长。他和剑桥、牛津大学的资深教授合作，建立了网上"know 全球大师课程"，所有原创授课视频均由全球各领域顶尖人士参与制作，涵盖科技、教育、艺术、健康、商业等领域。我校学生根据林子同学提供的免费激活码，就能自主学习世界课程。这又是一个校友反哺母校学弟、学妹的典型案例。

三、立足阵地，建模创意课堂

课堂是实施素质教育，培养人、发展人、成就人的主阵地，课堂教学改进探索是教师永无止境的追求。

（一）有模式，无框框

从 2005 年开始，笔者开始主导学校的课堂教学改进探索，落脚点在"落实三维目标，提升课堂效率"上。从 2012 年开始，学校逐渐探索实施"四步八字教学法"，落脚点是以学生为主体，先学后教，讲练结合。从 2018 年开始，学校逐渐尝试"学生主创、教师启创、教材再创、媒介助创"的"四创"式创意课堂，落脚点是学生的创意高阶思维培育。从 2020 年开始，学校确立了情境体验、审辨想象、文化理解、创意表达、审美情趣的课堂教学范式,落脚点是实施"双新"、落实学科核心素养、渗透和体现文创特色素养。学校采用小组合作学习的组织模式,以对话式研讨、案例式分析、问题式探究、感受体验等生动的授课方式,鼓励学生以兴趣和课题为纽带,以文创素养和动手能力为核心,组成形式多样的学习小组。学生立足自我,自主研学;融于互动,合作交流;基于研究,创意实践;个性成才,形成品质。

学校在创意课堂的基础上还开展了红色研学之旅、牛津剑桥科研之旅、日本动漫之旅等活动,让学生在研学实践中深入学习,全方位提升核心素养和文创素养。

(二) 以创意,育品牌

在笔者看来,创新教育、创造教育、创意教育都可以称为"创育",持之以恒地实践下来,就会有"创育"经验和"创育"品牌涌现。创意工作坊以 PBL 项目化学习方式为特色教学品牌,以其在学校各类活动中展现的创意,迅速成为闻名校内外的文创精品课程。戏剧、国学、动漫、服装、设计、微电影、摄影、音乐、主持、机器人等都是学校享有盛誉的文创特色教学品牌。

我校取得这样的成绩,是多次听取专家指导意见,不断完善改进的结果。在特色高中建设过程中,专家在反馈环节指出,学校应根据创意课堂建设要求和学情,继续强化体现特色的学科深耕,做好各学科主题的教研工作,提高教研工作的针对性和实效性,同时,根据特色课程跨学科的特征,进一步加强跨学科的教研共同体建设,形成制度保障和长效推进机制。为此,我和同事们用了整整一个学期,研究探讨并落实创意课堂,提出了非常具体的五维要求。

四、深入研学,优化创意课堂

"做中学、学中做、边做边学、边学边做"是陶行知精神的核心内涵之一。明确核心概念、梳理实施路径后,经过教师课堂实践调研,经过学生问卷反馈调研,经过一个阶段的实践自检和反思,我和同事们意识到文创特色创意课堂的理论准备尚且不足,由于缺乏实践积累和案例支持,特色教学研究还局限在较窄的范围,必修课程教学融合创意教学仍显不足。经过反复研究,学校决定从以下几方面持续开展创意课堂的研究与实践。

（一）学习理论,明确内涵

美国著名教育家、哈佛大学教育改革负责人托尼·瓦格纳（Tony Wagner）在经过大量调研后提出,具备七种关键能力的新型人才,才是未来世界需要的。这七种关键能力是：(1)批判性思考与解决问题的能力；(2)跨界合作与以身作则的领导能力；(3)灵活性与适应力；(4)主动进取与开创精神；(5)有效的口头与书面沟通表达能力；(6)评估与分析消息的能力；(7)好奇心与想象力。

文创特色迭代升级,在实践中不断丰富。围绕文创设计的规划,应随着时代的变化而变。对于文创内涵的界定也应不断更新完善。结合"双新"实施,在专家的指导下,我校最终确定了情境体验、审辨想象、文化理解、创意表达、审美情趣的五维要求,从争论变成讨论,从模糊走向清晰。

（二）全员培训,人人理解

学校主要从三个层面进行培训,确保全员理解文创内涵。一是由校长亲自对文创素养的内涵进行全面解读,从国家政策、教育方针、育人理念、学校发展、学生情况、社会需求、地方特色等方面进行阐释；二是由教学管理中心进行操作性解读,组织教师学习《创造性思维艺术》《思维的跃迁：高阶思维能力的培养及教学方式》等著作,研究高阶思维和低阶思维的关系,思考实施方法,设计创意课堂观测量表；三是教研组根据学科素养和文创素养进行学科整合解读。

（三）全科全创,范式推进

学校全面启动创意课堂的研究与实践,形成全学科创意课堂教学范式,使具有不同创意基础的学生的创意素养都能得到持续激发和提升。教研组组长组织全组教师,对本学科落实文创素养的方法进行研讨,根据新的文创素养内涵修订"学科落实文创素养指南"；备课组再落实到单元,根据新的文创素养内涵修订"单元的文创素养分解表"；最后由任课教师参与教学设计和实践。在"双新""双减"、五项管理的政策背景下,提高课堂效率刻不容缓。创意课堂是落实以学习为中心、以创意为价值取向的课堂教学理念的重要平台,具有以学习为中心、以合作为方式、以探究为方法、以适性为规律的特征。全体教师积极参与创意课堂的实践,每周磨课研讨,总结出符合学科特点的创意课堂教学范式,选择优秀的教师参赛示范。

(四)创意单项,整体双创

创意课堂促使教师改变育人方式。为了鼓励教师常态创新,学校会组织创意作业、创意活动、创意作品、创意评价等方面的单项创意评比活动,还会组织整体创意评比活动。教师可以兼报,结果与创意课堂评比同时公布。学校鼓励教师从一个小的方面着手,积极改进教学。各教研组教师积极创新实践,实践成果是教研组评比的重要指标。学校邀请在创意课堂与创意活动中优胜的教师进行教学微论坛报告,发布他们制作的微视频,让全体教师观摩学习,并对其进行专项奖励。我们把优秀教学设计或案例编辑成册,作为学校教学经验成果宣传并存档。

(五)主动邀请,辐射引领

创意课堂实践中,学校教师勇敢尝试,得到了闵行区教育学院与教育局的支持和肯定。笔者主动邀请教研员指导教师实践,极大提升了我校创意课堂的水平。同时,学校积极配合闵行区教育学院在我校开展各学科的课堂教学实践活动。我们希望用学校的实践推动区域教学方式的改革,能多提供一种模式,助力闵行区教学质量的提升。

(六)文创班级,弯道超车

文创特色、文创课程、创意课堂,如大珠小珠落玉盘,叮当作响。多年积累的经验,产生了积极的影响。每年有1/3的学生因为文创特色而在中考填报志愿时优先选择我校。为了回应学生的选择,助力学生实现"文创梦",学校大胆设立"文创实验班",探索特色班级的课堂教学组织形式,从而赋予创意课堂更丰富的内涵。

五、优化措施,取得预期成效

通过阶段性诊断和调整优化,学校在深化、优化文创特色方面取得了一定的成效。

(一)修订完善创意课堂评价量表

学校修订完成了《北外田园创意课堂评价量表 3.0 版》,增加了"双新"落实和文创特色加分相关内容,用评价来引导教学实践,具体要求如下。

情境体验:创设情境,感知体验,师生互动,直观感受。创设情境,引导和激励学生通过体验、分析、理解、掌握,在实践中运用知识和不断创新。

审辨想象:问题启发,批判质疑,理性思维,感性想象。设计开放性问题,启发学生批判、质疑,引导学生进行合理的想象。

文化理解:文化基础,客观评价,多元认知,理解包容。希望师生能理性认识、客观评价、理解包容不同时代、不同地域的文化、行为、习俗。

创意表达:创新意识,探索实践,创造精神,善于表达。注重师生在课堂中生成的知识,鼓励师生进行思维碰撞、创新表达。

审美情趣:各美其美,美人之美,美美与共,美好课堂。根据不同学科的特点,发掘、欣赏并鉴赏科学之美与人文之美,按照美学规律,体现审美元素。

(二)研讨实施创意课堂教学范式

各教研组积极开展研讨活动,通过教学设计打磨、创意课堂评比、公开教学展示、课后反思重建等步骤,完成本学科创意课堂教学范式建构,并在教学中贯彻实施,在实施中逐步完善,具体列举如下。

语文:思创一体型。创设情境—创新思辨—创作审美—创意表达。

数学:问题串型。分割式问题—递进式问题—矛盾式问题—综合式问题。

英语:合作·活动型。确立主题—确定目标—聚焦活动—开展评价。

政治:议题活动型。情境体验—自主探究—论证辨析—价值引领。

历史:引思议评型。引入情境—思考交流—迁移评价。

地理:问题情境型。情境问题—合作探究—总结提高—评价反馈。

物理:实验探究型。情境问题—实验探究—构建模型—总结交流。

化学:情境引探型。情境创设—引导交流—自主合作—探究论证—评价巩固。

生命科学:情境迁移型。设"境"—构"容"—展"程"—建"系"—重"理"—强"用"。

信息技术:项目活动型。体验思考—项目实践—探究活动—作业练习。

通用技术:项目体验型。情境与构思—创意与表达—评价与改进—展示或物化。

艺术:情境实践型。情境—传达—体验—思辨。

体育:结构·情境型。分析组合—情境体验—展示评价。

(三) 全面总结创意课堂教学成果

1. 全面总结创意课堂教学大赛的成果

学校对文创素养创意课堂教学大赛的成果进行全面总结,编印出《北外田园创意课堂教学案例集》,引导全体教师深入研究必修课程融合文创素养的路径与方法。

2. 专门设立文创特色课程组室

学校专门设立文创特色课程跨学科教学教研组,由服装创意工作坊任课教师史金玉担任组长,定期组织文创课程教研组教研活动,强化主题特色教研。

3. 实现区域层面的教师专业能力成长

学校教师参与区域层面的教学研讨多达 30 次以上,参与的中心组成员有11 人,涵盖学科、管理、课程等领域。教师专业成长迅速,学校拥有 7 位区级骨干教师、1 位区级学科带头人、6 位区级骨干后备教师。学校引进的 7 位年轻教师迅速成长,成为区级优秀见习教师。他们积极参加市级、区级教学比赛,在国家级、市级、区级核心刊物上发表文章,教学质量不断提升,已经成为学校优质教学的中坚力量。

六、总结提炼,创新亮点概要

(一) 全员全科全创,厚积薄发育人

我校不仅通过文创通识课程来培育学生的创新素养,还立足必修课程的课堂教学,用创意课堂来培养学生的创新素养。学校坚持情境体验、审辨想象、文

化理解、创意表达、审美情趣的五维要求,在落实"双新"理念的同时培育学生的文创特色素养,力求培育文化基础扎实、创意素养突出、审美情趣高雅的创新型文创后备人才。

学校基于一般普通高中的学情,坚持面向全体学生,通过全学科创意课堂的教学范式变革,培养学生的高阶思维,提升学生的创新素养。学校的实践丰富了高中阶段培育创新型后备人才的模式,可以为同类学校提供参考。

(二)探索教学变革,多元培育学生

大部分高中注重在理科类学科中培育学生创新素养,"创新实验室"大多是理科实验室。笔者提出"创意成就自我,创意造福社会,创意引领未来"和"文创,让生活更美好"的创意素养培育理念,目的是使学校"人人爱创意,处处有创意,时时能创意"。在探索创意课堂教学中,学校注重全学科落实,尤其注重通过文科类学科培育学生的创新素养。学校成立创意工作坊,通过项目化、情境化教学,培育学生的特色文创素养,使其成为创新型后备人才。

(三)迭代变革课堂,创意涵育学子

我校既注重在理工科领域的创新素养培育,又注重在人文学科中培育学生的创新素养,并通过创意课堂教学范式变革,让高中教学发展从"流程技术再造"走向"文化再造"。学校以创意课堂为抓手,探索教与学方式的变革,通过四步八字教学法→五度课堂→五美课堂→五维课堂的教学方式变革探索,激发课堂生命活力,提升课堂教学质量和内涵,为学生创新素养培育提供支持。

第三章

姚黄魏紫妆华年:特色实施条件与保障

学校教育实施的条件和保障包含很多方面的内容。本章主要剖析的是后勤保障、师资保障和社会资源保障。

"兵马未动，粮草先行""巧妇难为无米之炊"等民间俗语都说明了后勤保障的重要性。学校是育人的专门场所，教师的职责是教书育人，后勤工作人员的职责是服务育人，二者的岗位性质不同，但目的一致。后勤保障的实质，就是为学校教育教学工作的开展提供及时的物质保障和适宜的服务保障。没有后勤保障，学校教育教学工作就会失去基础和条件，教育也将无从谈起。

教育是强国之基，教师是教育之本。国家发展靠人才，国家富强靠人才，人才培育靠教师。推动教育改革创新，办好人民满意的教育，关键在教师。教师是学校发展的主体，是教育教学质量的保证，是学校可持续发展的关键力量，也是特色办学的重要保障。

现代教育不再局限于校园和课程，今天的学校应该是"大学校"。"大学校"要有效整合和利用各种社会资源，实现特色办学。

第一节 设备硬件:创意发展有保障

一、硬件设施,满足特色发展

建校时,校园占地面积 24 亩,建筑面积 1.1 万平方米。为了促进学校特色发展,闵行区区委、区政府投资为学校建造了新校舍,新校园占地面积 65 亩,建筑面积近 5 万平方米,建筑投资 2.5 亿元。校园里专门建设了一幢五层的文创楼,包括 10 间设计独特的创意工作坊、4 间现代化计算机语音专用教室。图书馆中,纸质图书达 3 万余册,电子图书达 10 万余册。多层次的办学空间、丰富的文创类书籍等,为学校特色发展提供了充分的物质保障。

学校还建设有六个中心,见图 3-1。这六个中心集中设计在富有特色的文创楼里。这里有若干创意工作坊,学生可以通过个人的智能卡,自由进入其中,自主学习,协作探究。学生的智能卡同时具有图书借阅、食堂就餐付费、各工作室智能网上点课、预约等功能。

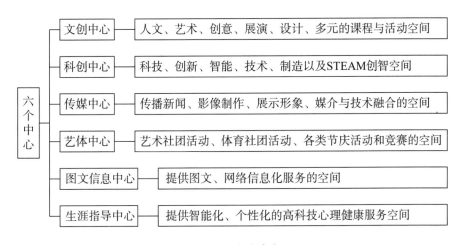

图 3-1 六个中心

二、各方支持,田园沃土深耕

学校每年确保投入 100 万元左右的特色建设经费,满足特色发展的需要。在此基础上,上级主管部门还会根据学校特色发展的需要追加专项经费投入。有时,学校还会得到社会力量的资助。学校在特色场馆建设、特色环境营造、特色师资培训、学生文创特色项目实践体验的设施设备配置和实验耗材等方面的投入逐年提升,做到了特色发展经费专款专用。学校集中资金、资源、力量办特色建设这件大事。在上级主管部门的大力支持下,学校对特色建设的经费投入不断追加,增量提升案例见表 3-1。

表 3-1 学校特色建设增量提升案例(部分)

时间	特色建设内容	经费金额	备注
2016 年	创新实验室、文化创意工作坊项目建设	160 万元	—
2017 年	图书馆、电子阅览室、文创论坛及展示空间、咖啡吧建设	190 万元	—
2018 年	特色工作坊和课程建设	383 万元	上海市拨特色经费 83 万元,颛桥镇资助特色工作坊和课程建设 300 万元
2019 年	各类特色展示活动	129.77 万元	上海市拨特色经费 112.77 万元,学校投入 17 万元
2020 年	1. 区域推进高中特色多样发展 2. 区域特色高中建设 3. 普通中小学创新实验室建设与应用推进(生物组培实验室)	250 万元	—
2021 年	1. 区域推进高中特色多样发展 2. 区域特色高中建设	130 万元	其中,镇政府提供 30 万元专项经费支持学校特色建设;部分企业家提供 30 万元专项经费支持学校特色建设

在学校特色环境建设、创意工作坊建设、设施设备配置基本到位后,学校对

特色建设的经费投入重点转向学生实践活动和教师培训活动。学校对学生实践活动和教师培训活动的经费投入比例是逐年提升的，其中，学生实践活动投入的增长尤为明显，2016 年为 26.2 万元，2017 年为 32.3 万元，2018 年为 52.2 万元，2019 年为 53.4 万元，2020 年为 80.0 万元，2021 年为 89.2 万元。

第二节　师资阵容：创意教学露峥嵘

百年大计，教育为本；教育大计，教师为本。教育教学的实施者是教师。教师的质量，决定了教学的质量，也决定了学生成长、发展的质量。

以《中共中央　国务院关于全面深化新时代教师队伍建设改革的意见》为指导，学校努力建设一支能够落实立德树人根本任务，具有理想信念、道德情操、扎实学识、仁爱之心的"四有"好教师队伍。

一、师资队伍建设发展目标

（一）师资队伍建设发展总体目标

通过内培外引、分阶提升，成就一支热爱教育、师德高尚、专业精湛、结构合理、与时俱进、富有创新意识的优质教师队伍，培养一批勇于承担学校特色发展任务的特色骨干教师，形成一批区级以上的学科带头人、骨干教师和部分正高级教师、特级教师。

（二）师资队伍建设发展具体目标

1. 优化教师队伍结构。高级职称教师占比 40% 以上，硕士以上学历教师占比 50% 以上，35 岁及以下的青年教师中硕士以上学历的比例达到 80% 以上。

2. 构建骨干教师梯队。培养 1 至 2 名区域内知名教师、特级教师、正高级教师、领军人才，培养 1 至 2 名闵行区学科带头人，新增骨干教师、骨干后备教师 4 至 6 名，培养特色骨干教师 2 至 3 名、"见习之星" 1 至 2 名、"希望之星" 3 至 5 名、"论坛之星" 2 至 3 名，力争每个学科都有区级学科中心组成员。

近年来,一批毕业于北京外国语大学、北京师范大学、首都师范大学、上海交通大学、华东师范大学、上海外国语大学、东南大学、北京体育学院等知名学府的硕士、博士研究生来校应聘任教,为学校师资队伍注入了新鲜血液。学校努力做好这批教师的培养工作,给予他们机会和平台,对他们委以重任,希望他们通过培训学习提升眼界,通过自主发展实践成才。有了这样一支师德高尚、业务精湛、敢于创新实践的高水平教师队伍,学校办学质量持续提升,办学成果日趋丰富。

（三）教师五阶段培养目标

教师五阶段培养目标见图 3-2。

学校对入职 1 至 2 年教师的培养目标是成师——站稳课堂,培养路径是校内师徒结对。

学校对入职 3 至 5 年教师的培养目标是成熟——希望之星,培养路径是一徒多师互助。

学校对入职 6 至 10 年教师的培养目标是成功——论坛之星,培养路径是名师带教。

学校对入职 11 年以上教师的培养目标是成名——高级教师,培养路径是校外导师带教。

学校对卓越教师的培养目标是成家——特级教师、正高级教师,培养路径是行业名师带教。

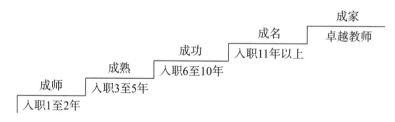

图 3-2　教师五阶段培养目标

二、师资队伍建设策略举措

（一）加强师德师风建设

热爱教育,师德为先。学校不断加强教师职业理想和职业道德教育,树立从严执教、严谨治学、教书育人的先进典型,引导教师潜心教学和科研。学校鼓励教师开展德育工作,加强落实学校师德传统"师德八训",即"师心慈,师志坚,师风正,师纪严,师言美,师行端,师学勤,师业精"。学校把师德表现作为教师绩效考核、聘用和奖惩的首要内容,实行师德一票否决制。

（二）优化教师队伍结构

学校积极引进优秀硕士研究生及以上学历的教师,不断优化教师学历结构与知识结构,保证学校持续优质发展。学校进一步发挥"北外田园—德稻人师文创基地学校"的优势,聘请国际顶尖文创大师团队,对教师进行培训,提升教师的文创素养。

（三）提升教师的科研能力

针对新课程、新教材的实施,以及我校课堂改进的推进,学校开展了基于核心素养与高阶思维品质提升的校本课程培训,鼓励教师积极参与科研活动,提高科研能力,成为名师。

（四）加强教师培训力度

基于"互联网＋"线上线下教研活动培训,学校实行差异化教学,提升教师课堂教学效益。学校从途径、方法和内容方面,为教师专业发展提供更多样、更充分的培训支持。

学校通过校本培训,使全体教师了解新课程改革的背景和目标,认识新课程改革后普通高中课程方案修订的主要变化和基本特征,领悟新课程改革的核心观念和育人模式的变革方向,深刻认识新课程、新教材实施对于学生综合素质发展的重要意义,激发全体教师投身新课程改革、研究新教材、探索课堂教学转型的工作热情。学校全面推进各学段、各学科使用新教材,全面落实新课程理念下课堂教学转型的任务。

（五）建设"专家型"学科带头人和骨干教师队伍

一是建立、完善"专家型"学科带头人和骨干教师培养、选拔、奖励制度。选拔具有优良师德、先进教育教学理念、较高教学管理水平和教育科研实践能力的教师作为校、区骨干系列梯队成员,对其进行重点培养。建立备课组组长、教研组副组长、教研组组长、学术委员的教师专业发展梯队制度。

二是优化骨干教师辐射引领机制。骨干教师每学年开设示范课、学术讲座,主持或参与区级以上课题研究,在区级以上刊物发表论文,承担青年教师的培养任务,承担或参与学校科研与课程改革项目,具有自我教学风格与科研专长,在学校、学区、教育集团、全区能起到示范带头作用。

(六)建立"青蓝工程",完善青年教师培训机制

一是提升青年教师的教学能力。优化新教师岗前培训内容,增强针对性和实效性;切实做好"以老带新"的师徒结对工作;分层开展青年教师课堂教学基本功竞赛、青年教师汇报课等活动。

二是提升青年教师的科研能力。鼓励、扶持青年教师开展区级课题的申报与研究,吸纳青年教师参与学科建设和学校科研项目,不断提高其科研能力。

三是提升青年教师的育人能力。鼓励青年教师投入班主任、导师制等学生生涯发展指导工作。鼓励青年教师参加学校心理咨询师的培训,通过"师徒结对""年级组长带教"等提高学生工作水平与家校沟通能力。

(七)建立成熟教师二次成长培训机制

学校专门组织行业内的教育专家对成熟型教师进行专业提升培训,指导和鼓励成熟型教师根据教育教学实践,总结自己的教学风格,形成自己的教学特色,并通过理论学习,把教学经验提升为育人理念,把实践经验提升为理性思考。学校大力支持成熟型教师参与课题研究,以文字形式记录自己的研究成果,形成系统的教育思想,著书立说,成为教育行家。学校还鼓励成熟型教师带教新入职教师,共同组成教师专业成长共同体。这样,成熟型教师在发挥传帮带作用的同时,也能从年轻教师身上学习到先进的理念和思想,达到相互影响、相互促进、共同提升、共同进步的目的。

(八)完善评价激励机制,助力教师发展

学校不把教学成绩作为评价教师的主要依据,而是注重教师的特色育人成效。学校希望教师在激发学生个性化潜能、帮助学生成长的同时,自身也能不断成长和提升。学校制定了校本化教师管理评价方案,积极落实自我评价与外

部评价相结合的教师个性化发展评价体系。学校出台了《特色教师认定办法》《骨干教师评选方案》《教师发展三年行动计划》等制度和方案，建立教师成长档案，助力教师积累经验，进而形成自己的独特教学风格。学校用激励性评价助力教师主动发展、特色发展，激发教师的内驱力，使教师主动成为育人专家。

三、专兼结合，施教相得益彰

（一）专职为主体，是特色教学主力军

学校目前有学科科任教师 96 名，其中，特色教师有 11 名（专职教师 4 名，兼职教师 7 名）。学校另外有一批外聘助理特色教师。11 名特色教师不仅负责创意工作坊的特色课程教学，还制作了慕课供学生在线上学习。毕业于上海视觉艺术学院文化产业管理专业的吴玉琳老师，专职负责学校特色内涵建设和文创发展。学校的文创特色课程教师团队在稳定发展中。学校还计划引进 10 名左右的具有文创专业背景和经验的骨干教师，以加强文创师资力量。目前，创意工作坊和文创办公室的具体设置见表 3-2。

表 3-2 创意工作坊和文创办公室的具体设置

工作坊名称	课程内容	授课教师	所属类别
创意设计工作坊	创新设计理论与方法	汤老师	艺术设计
	创意广告设计	劳老师	艺术设计
服装设计工作坊	时装与功能性运动装设计	史老师	服装设计
	用户体验与服务设计	沈老师	服装设计
	未来校服设计	朱老师	服装设计
	国际时尚及创意设计	葛老师	服装设计
	创意礼服设计	罗老师	服装设计
动漫创意工作坊	3D 动画与数字产业	孟老师	影视动漫
	游戏和影视中的动画技术	张老师	影视动漫
音乐创意工作坊	当代和声技巧	周老师	音乐艺术

（续表）

工作坊名称	课程内容	授课教师	所属类别
音乐创意工作坊	MIDI 音乐制作理论与实践	居老师	音乐艺术
	经典影视作品音乐演奏	杨老师	音乐艺术
戏剧表演工作坊	戏剧人物表演形象塑造	韩老师	影视表演
	戏剧表演	孔老师	影视表演
	戏剧表演	周老师	影视表演
	戏剧表演	叶老师	影视表演
	戏剧表演	茅老师	影视表演
	戏剧表演	曲老师	影视表演
	戏剧表演	郭老师	影视表演
	戏剧表演	于老师	影视表演
	戏剧表演	韩老师	影视表演
主持辩论创意工作坊	即兴评述技巧	付老师	舞台表演
	播音与主持技巧	张老师	舞台表演
微电影创意工作坊	影视作品拍摄与剪辑技术	郑老师	影视新媒体
	影视制作创新方法与应用	陆老师	影视新媒体
创意摄影工作坊	创意拍摄技巧	陆老师	新媒体
	摄影色彩与构图	王老师	新媒体
机器人创意设计工作坊	机器人程序设计与运用	王老师	艺术科技
创意策划工作坊	创造性领导力思维	白老师	社会科学
	掐丝珐琅等产品设计	董老师	艺术设计
	古琴	朱老师	音乐艺术
文创办公室	创意通识	吴老师	文化创意产业

在特色高中创建过程中，学校启动了全校教师文创素养培训项目，要求一线教师全员参与特色发展。学校采用讲座培训、分类外出培训、实地参观考察等形式，通过"重点项目，重点培训"的方式，使在课程教学中已经把文创素养落

实到位、业绩优异的教师得到重点培养。其中,负责服装、戏剧、微电影等创意工作坊教学工作的教师都已赴国内外专业院校参加过 20 至 30 天的专业集训。

学校启动了特色教师优化培养策略,共包括六方面:(1)通过示范辐射,培养领军教师;(2)依托高端培训基地,培养特色骨干教师;(3)搭建校本培训平台,培养特色核心师资;(4)通过"请进来""走出去"策略,提升全校教师文创特色教育素养;(5)项目驱动,提升全体教师的文创特色专业发展能力;(6)借助社会资源,拓宽特色教师成长路径。

采取了一系列有效的培养措施后,学校特色教师团队呈现出梯队发展的良好态势。

(二) 兼职为辅助,特色教学显身手

2018 年,学校与德稻教育集团合作,引进国际顶尖文创大师团队,成为"北外田园—德稻大师文创基地学校"。多位行业大师和多位一线文创产业的高级从业者,承担了学校教师培训、课程研发和给学生直接授课等工作。参与过多部国际影片动画制作的动画大师欧蕾教授,引用真实案例,从医学角度给动漫创意工作坊的学生讲授微笑表情;瑞士品牌设计大师白福瑞、国际服装设计大师葛特丽夫妇等都来校给学生上过课。还有从我校毕业、活跃在各行各业的行业精英,他们带着感恩反哺之心,兼职投入母校的文创素养培育工作,为我校文创特色教育提供有力支撑,作出重要贡献。

四、特色骨干,先行优质发展

我校的特色骨干教师,都是学生喜爱的教学明星,在特色教学方面取得了不错的成绩。以下列举几位。

孟洪美是动漫创意工作坊教师、上海市新教材《艺术》分册《影视与数字媒体艺术实践》的编者之一,负责数字动漫相关章节的撰写以及教师用书的编写。她辅导四名学生创作的动画作品《漫说社会主义核心价值观》被中国文明网的头条刊登;她辅导学生创作的动画作品《下雪了》获得"上海市中学生艺术单项比赛金奖"。

韩磊是戏剧表演工作坊教师、闵行区美育联盟"戏剧项目"盟主教师。她指导学生创作的音乐剧《不要悲伤》获得闵行区第四届艺术节戏剧专场一等奖;她指导学生创作的话剧《祥林嫂》获得上海市中学生话剧比赛原创剧本一等奖、表演二等奖,主演沈朗牧同学获得最佳女主角奖。她的专著《邂逅戏剧》在山西教育出版社出版。

付宗亮是主持辩论工作坊教师。他指导的学生辩论队获得上海市高中生辩论赛亚军、闵行区高中生辩论赛亚军(第二届)和冠军(第三届)。在以付宗亮为代表的教师的支持下,学校成为闵行区"高中生辩论"项目领衔校,连续组织并举办了四届闵行区高中生辩论赛。

郑听涯是微电影创意工作坊教师、上海市新教材《艺术》分册《影视与数字媒体艺术实践》的编者之一。他因微电影《杨森的故事》获得了上海市"未来杯"微电影大赛最佳导演奖、最佳摄影奖、最佳剪辑奖、最佳剧本奖。

陆逢源是创意摄影工作坊教师。他培养的学生获得上海市学生艺术节摄影单项奖一等奖。一批酷爱摄影的学生在其指导下,通过摄影创作获得了广告公司的青睐,大学毕业后顺利从事创意摄影工作。

史金玉是服装设计工作坊教师。她指导学生设计的服装创意作品获得上海市中学生艺术设计大赛铜奖。她培养的刘辰元同学和陈欣婷同学都考入了东华大学服装设计学院,刘辰元同学还获得了 2018 年意大利时装周"欧洲联盟杯"服装设计"大师新锐奖"。

周曦是音乐创意工作坊教师、闵行区艺术学科中心组成员,"闵教杯"中青年教师"论坛之星",在闵行区中青年教师教学技能大赛中被评为"教学能手"。近年来,其培养的多名学生考入上海音乐学院、上海师范大学音乐学院等。

毛勇是创意设计工作坊教师、闵行区艺术学科中心组成员,获得上海市美术教师基本功大赛一等奖,全国美术教师基本功大赛二等奖。其辅导的学生林孟浩获得全国大学生创意设计大赛金奖。

王媛媛是机器人创意设计工作坊教师。其辅导的学生在世界 WER 机器人比赛以及全国、本市、本区比赛中,屡次获得一、二等奖及金奖、银奖。

白敏是国学礼仪工作坊教师。其培养的学生获得上海市学生艺术节朗诵单项奖一等奖,并相继在市级、区级重要演出中亮相;一批爱好汉服的学生每年都积极参与 ChinaJoy 展览,获得社会高度赞誉。

吴玉琳是文创发展中心负责人,毕业于上海视觉艺术学院文化产业管理专业,后赴日本早稻田大学攻读硕士研究生,被聘请为第 18、19、20 届中国上海国际艺术节新闻宣传项目负责人和第 5 届中国艺术节新闻司执行组负责人。2020 年,她被北京大学文创研究院创意领导力研究与探索项目录取进修,享受国家补贴。

陆振权是上海市新教材《艺术》学科编委、《影视与数字媒体艺术实践》分册的主编,统整文创课程,引领全校文创素养培育。他的专著《美育引领和谐发展的学校教育》《办学空间学》《守望学校艺术教育》分别由中国文史出版社、文汇出版社、东北师范大学出版社出版。

五、提升师资,文创全员培训

学校为特色课程教师提供了多种培训机会,如基础培训、师徒结对、提升培训、国际研修、案例研讨、课题研究、教学示范、专家点拨。教师可以根据自身需要参与学习。

(一) 全员培训,提升文创素养

学校努力提高广大教职工对文创特色素养的认同度。学校开办了多层次的专题讲座,让特色教师进行经验介绍和交流互动;通过开展文创特色相关研究性学习等,让所有教师深入了解文创素养培育的内涵、意义和价值,不断提升自身的文创素养。学校每学期开展全员培训,组织教师学习《创意通识学》和《项目制教学办法》,还鼓励教师观看经典电影,提高人文素养。学校注重对行政管理人员进行文创特色素养培训,内容包括文创特色实验室管理、特色课程排课及特殊设备购置、保养和维修等,使行政管理人员与学校的特色发展能协调同步。

(二) 多元培训,层次模式多样

学校依托七宝中学教育集团的资源,深入开展命题研究,开展青年教师技能大赛,成立教师成长共同体。学校通过"名师带教"等师资培训、研讨、展示活动,关注不同层面教师的发展需求,使师资队伍成长走可持续发展之路。从2015 年至今,特色课程教师多次参加德稻教育集团文化创意课程的师资培训和市级、区级相关文创特色课程的专题教师培训;21 名特色教师参与了特级教师工作室、学科带头人工作室、高级指导教师的专题培训。文创特色素养培训与自助提升培训相结合,促进教师教学水平持续提高。

第三节 社会资源:创意源头有活水

学校积极利用各方资源,组成特色发展共同体,推动学校特色建设,助力学生持续发展。

一、校友和家长资源

学校拥有一支由家长、校友组成的志愿者队伍,其主要任务是在学校开展特色活动时,做好各项服务工作,同时参与学校特色课程的开发和评价、学生课题研究的过程性指导,为学校特色发展献计献策。校友文创讲师团成员一览表见表 3-3。

表 3-3 校友文创讲师团成员一览表(部分)

姓名	从田园毕业的时间	毕业后就读的院校	专业方向
张依依	2007 年	上海戏剧学院	舞美设计专业
朱明杰	2007 年	东华大学	服装设计专业
陆颖慧	2007 年	复旦大学	广播电视编导系
刘轶邱	2007 年	华东师范大学	公共管理专业
曹琛琳	2008 年	华东师范大学	艺术教育专业
吴玉琳	2008 年	上海视觉艺术学院	文化产业管理专业

（续表）

姓名	从田园毕业的时间	毕业后就读的院校	专业方向
冯欣廉	2008 年	上海戏剧学院	舞台管理系
杨柳青青	2012 年	伦敦艺术学院	摄影系
林 子	2012 年	牛津大学	教育学专业
杨 森	2012 年	上海音乐学院	钢琴系
许 鹏	2013 年	浙江传媒大学	播音主持系
陈紫妍	2014 年	上海师范大学	戏剧影视文学系
张慧婧	2014 年	浙江传媒大学	摄影系
童幸欣	2014 年	上海大学	艺术与科技专业
顾晓敏	2014 年	上海师范大学	戏剧教育专业
楼逸昊	2014 年	东华大学	传媒管理专业
张羽婷	2014 年	上海师范大学	艺术设计专业
劳晔婷	2015 年	上海视觉艺术学院	会展策划与管理专业
林孟浩	2016 年	上海工程技术大学	视觉传达设计系
薛 莉	2017 年	上海视觉艺术学院	广播电视编导系
钱诚宇	2017 年	上海视觉艺术学院	产品设计专业
王圣钰	2017 年	上海大学	广播电视编导系
姚依嘉	2017 年	上海海事大学	绘画（中国画方向）专业
曹怡嘉	2017 年	中央戏剧学院	摄影系
程云婷	2017 年	上海外国语大学贤达经济人文学院	数字媒体艺术系
李倜然	2018 年	中国美术学院	艺术与科技专业
刘一璠	2018 年	上海工程技术大学	数字媒体艺术系
金奕楠	2018 年	武汉大学	表演系
张桂萍	2018 年	上海大学	动漫设计专业
吴怡臻	2018 年	上海大学	数字媒体系

（续表）

姓名	从田园毕业的时间	毕业后就读的院校	专业方向
沈佳妮	2018 年	上海师范大学	音乐教育系
王棋	2018 年	上海师范大学	广播电视编导系
聂骋	2018 年	上海大学	雕塑专业
郑家琪	2019 年	上海视觉艺术学院	广播电视编导系
郑怡菲	2019 年	上海师范大学	音乐学(师范)专业
朱海涛	2019 年	吉林动画学院	动画专业
张景怡	2019 年	上海师范大学	音乐学(师范)专业
陈许怡	2019 年	上海工程技术大学	产品设计专业
赵馨怡	2019 年	上海海事大学	视觉传达设计系
徐嘉诚	2019 年	上海建桥学院	广告学(数字创意与策划方向)专业
蒋祈玥	2019 年	上海师范大学天华学院	数字媒体艺术系
李思彤	2020 年	上海政法学院	纪录片专业
顾思源	2020 年	东北林业大学	广播电视编导系
陆弈滢	2020 年	上海大学	艺术设计专业
肖靓	2020 年	南系传媒学院	导演系
许天祺	2020 年	上海大学	广播电视编导系
高玮明	2020 年	济南大学	中文系
张语秋	2020 年	上海视觉艺术学院	文化产业管理系
虞颜箫	2020 年	华东师范大学	设计学类
庄意婷	2020 年	华东政法大学	文化产业管理系
张可儿	2020 年	上海视觉艺术学院	服装与服饰设计系

　　学生家长是学校重要的教育资源。学生的健康成长,需要家庭、学校、社会三方形成合力。我校的很多家长不仅注重言传身教,还积极配合学校的教育教学节奏,主动督促学生成长。学校认为,家长所在的职业领域、家长的专业能力

等,都是学生成长的重要教育资源。所以,学校充分挖掘家长资源,不仅在社会实践活动中安排了"跟岗家长一天"的活动,让学生充分了解家长的工作内容,体会家长的工作特点,感受家长的工作态度,理解家长的工作内涵,还建立了家长资源库,邀请部分在各行各业中表现突出的家长,到学校来向学生介绍他们的职业特点以及相关职业领域需要的工作态度和专业精神,让家长引领学生成长。

例如,学校邀请在上海交通大学农学院工作的家长来校介绍现代农业、绿色农业、观光农业、滴灌技术、无土栽培、转基因食品等;邀请在航天领域工作的家长来校介绍中国航天技术的发展历程、现状和发展趋势;邀请在金融系统工作的家长来校介绍金融知识等;邀请在医院工作的家长来校介绍医护人员的专业知识和救死扶伤的职业精神。

二、高校科研院所资源

学校拥有来自北京外国语大学、北京大学、中国人民大学、复旦大学、上海交通大学南加州文创学院、上海视觉艺术学院、上海戏剧学院、上海音乐学院、东华大学、同济大学、上海温哥华电影学院等知名大学的学科资源。由大学文创艺术学科教授、课程专家组成的专业支持团队,为学校的文创特色发展提供了专业的指导,有力地支持了学校的特色发展。2016年,学校与上海戏剧学院合作,挂牌成为"综合艺术教育研究实践基地"。2017年,学校与上海视觉艺术学院共建"国学教育传习基地"和"文创人才培养实验基地"。2019年,学校与德稻教育集团合作,挂牌成为"北外田园—德稻大师文创基地学校",使大师课程能进入高中校园,高中师生也能接触到行业大师,彼此良好互动,共同创造了文创人才培养的新途径、新模式。

三、企业和社会资源

学校地处国际化大都市上海。到2025年,上海要基本建成设计产业繁荣、品牌卓越、生态活跃、氛围浓郁的设计之都,要在联合国"创意城市网络"中,展现上海的理念,扩大上海的影响。到2030年,上海要进一步提升国际竞争力和美誉度,全面建成世界一流的设计之都。上海还将加快建设,争取早日成为全球影视创制中心、国际重要艺术品交易中心、亚洲演艺之都、全球电竞之都、网络文化产业高地、创意设计产业高地。这些有利的外部环境支持我校建设文创特色高中。

目前,学校实践体验课程的校外实践基地建设,得到了德稻教育集团、上海话剧中心、上海博物馆、上海国际艺术节、颛桥镇光华路文化创意产业集聚区、中国版权中心、虹桥文创中心、万庚文化科技有限公司、上海爱乐乐团、东方艺术中心、中华艺术宫、蔡元培故居、上海电视台、上海轻音乐团、上海吕凉戏剧艺术发展中心等的支持。

第四节　政府支持:创意前行有护航

创新是学校可持续发展的不竭动力,闵行区区委、区政府充分肯定学校"处处有创意、时时能创意、人人会创意"的特色高中创建理念,大力支持我校特色创建。在政府的支持下,我校顺利迁入占地 65 亩、建筑面积 5 万平方米、建筑投资 2.5 亿元人民币的现代化、高标准校舍。新校园的文创楼,建设有风格各异、富有创意的创意工作坊,为学校特色发展提供了广阔的空间。

在特色高中创评过程中,政府分两次拨付专项扶持经费 150 万元。有了经费的支撑,学校能不断挖掘特色内涵,打造促进学生个性发展的创意空间,进一步贯彻落实闵行区学校个性化特色发展的大战略,让校园变成师生的文创大舞台,真正成为学生有创意、敢创新、会创造的实践空间,培养更多能够面向未来、具有新时代创新素养的学生。

上海市教育委员会为学校提供了 240 多万元的特色专项扶持经费。闵行区教育局对学校特色建设经费投入近 500 万元。学校所处的颛桥镇为学校投资 300 万元。

闵行区教育局对我校教师编制给予了一定的倾斜。近年来,学校引进新教师 25 位,其中文创特色专职教师 6 位;另有编制外用工政策支持学校招聘特色教师。

上海市特色学校项目组、闵行区教育学院、闵行区青少年活动中心、闵行区督导室和闵行区教育局通过定期到校指导、教育督导和调研，对学校的总体和特色发展给予了专业的指导。

闵行区教育局颁发《闵行区高中学校建设特色普通高中项目方案》，还制定了《闵行区推进普通高中特色多样高质量发展三年行动计划（2020.9—2023.12)》，指引、支持学校的总体发展。近年来，闵行区教育局通过年终调研，对学校的总体考核都给予"优秀"评价。闵行区督导室对学校进行发展性督导，对学校的总体发展（特别是特色建设）给予肯定性反馈和高度评价。学校得到了上海市教育委员会特色建设评估组专家的充分肯定。

第五节　上下求索：创意持续有空间

"双减"政策出台后，"一个校园，两个办学主体，两种办学体制"成为各级政府关注的内容。学校的未来发展，将服从政府的调整与安排。当下，学校的主要任务是从自身出发，加强内涵发展和特色建设，完善场地设施，满足特色创建需求，搭建学生文创素养培育平台、教师专业发展平台、特色课程开发平台、优质教育资源辐射平台和特色师资培训基地平台，不断提升特色办学质量，并把特色发展需要的空间从校内延伸至校外，为学校特色发展创造出更广阔的空间。事实证明，正是通过不断的特色辐射示范，学校促进了学生的可持续发展。

一、创新谋发展，空间拓展实例荟萃

搬迁进入新校舍，面对现代化的建筑和两纵五横的校园道路，笔者提出向全校师生征集楼名、路名，凝聚师生智慧。全校师生积极参与，综合多种元素，集体讨论，最终决定楼名立足"文"＋"德、智、体、创、心"，寓意是全面发展＋创新；路名立足"创"＋"想、思、设、意、新、业、客"，强调从创想到成为"创客"的创新过程。由此,楼名、路名布局一新,"学校空间学"犹如插上从理论创新到道路创新的双翼:文德楼、文创楼、文智楼、文心楼、文体楼等一幢幢新楼林立;创业路、创新路、创意路、创设路、创思路、创想路、创客大道等一条条新路通向新的希望(见图3-3)。

图3-3 文创特色楼名和路名示意图

学校创造性地引进了上海知名艺术家方世聪先生绘画工作室的作品,开辟了"生命之歌·方世聪艺术空间"。方世聪先生把许多画作保存在我校,学校会定期、分批在校内展出。方世聪先生还利用在校内进行绘画创作的机会,给学校师生进行绘画艺术示范、开办绘画作品鉴赏讲座。这使得学校成为一座有人物、有故事、有创意的美术馆。

二、模型已初具,未来学校学习空间

关于未来学校,有很多定义,但其本质特征是学生个性化的选择。具有个性化需求的学生,可以提出学习申请。学校学术委员会研究讨论通过后,学生就可以选择自己的学习空间和时间,用最适合自己的方式进行个性化学习。在个性化学习空间里,学生可以使用多项工具,自由运用网络设施设备。例如,2009年,在我校就读高三年级的蔡韩沁同学提出不上数学课,利用这些时间在图书馆自学。后来，他考上了美国圣诺伯特学院，大学毕业后，又考取爱荷华大学应用数学博士。目前，他在世界名校加州大学洛杉矶分校任教应用数学。又如，郭浩然同学在读高二年级时只在教室内学习五门课程，其余课程都在学习空间内自学完成。他不仅顺利通过了五门选择性必修课的学业水平考试，还获得了上海市第 36 届青少年科技创新大赛一等奖、科协主席奖，以及上海市中小学人工智能大赛一等奖。

三、特色空间案例，收录市级成果

办学条件改善后，学校在学习空间的设计和利用上是如何考虑和行动的？学校怎么把"为每一位师生创设发展的空间"的办学理念落到实处，重构学习空间？学校根据自身实践总结的成功案例"为每一位师生创设发展的空间"，被收录在《上海市中小学学习空间行动研究》一书中，成为上海高中学校六个经典案例之一。

（一）寓有形于无痕的办学追求

我校文创素养特色课程群以文化知识为基础，以创意表达、项目化学习为表现形式，以创新思维培养为教学目标，融合多元文化、涉及不同学科，其学习内容、学习方式、空间要求各不相同。学习空间的设计和利用是课程实施的重要保障。学校在最初学习空间非常有限的情况下仍然排除万难，着力打造了文创特色课程的专用学习空间，其中最具代表性的便是创意工作坊。

2018 年 9 月，在闵行区政府的大力支持下，学校搬迁至新校舍，拥有了上下五层的文创楼。学校在原有的基础上，利用文创楼两层的空间重构了创意工作坊。这是营建良好学习环境的积极举措，把有限的物理空间拓展成了学生自由翱翔的天地。

为了提高全校师生对文创课程的兴趣，学校特意对创意工作坊的入口进行了设计（见图 3 - 4），用别致的通道和蓝色的灯光引领师生走进充满创意的文创学习新空间。

图 3-4　创意工作坊的入口

(二) 为多样化发展服务的创意空间

创意工作坊的学习空间是经过精心设计的,蕴含着教育工作者对美的独特理解、对充分挖掘学生学习潜力的深刻思考。戏剧表演工作坊就是利用学习空间实现全新育人理念的范例,其功能划分见表 3-4。

表 3-4　戏剧表演工作坊的功能划分

 表演体验区	表演体验区没有固定的讲台和课桌椅,教师与学生成为合作伙伴,共同进行剧本讨论创作、排练和非正式演出等。在这里,师生可以脱鞋光脚,放松肢体,体现戏剧表演解放天性的特点。开放性的空间可以满足不同活动的需求,也为戏剧教师的课程设计提供了更多的可能性,使其能够真正关注到每个学生。
 观众欣赏区	观众欣赏区由黑白两色的阶梯组成,从地面一直延伸向上,与天花板的活动装饰板块相呼应。这是戏剧表演工作坊的一大亮点。与大剧场不同的是,戏剧表演工作坊内的观众欣赏区和表演体验区相连,拉近了表演者和观看者的距离,一方面能让学生自然转换角色;另一方面也能让非正式演出更加聚焦。观众欣赏区的设置,能让学生体验、学习观剧礼仪,通过适时的掌声与激情互动激发演员的表演潜力。

（续表）

　服化道具区	服化道具区是较为独立的演出准备空间。定制的专业化妆台、化妆镜给学生以庄重之感,整齐的服装衣架上放置了多种款式、风格的戏剧服装。道具仓库不仅有成品道具,还有颜料、工具等原材料,可供学生原创或改装道具。这些设置为学生提供了施展才华的空间。以化妆为例,每次戏剧表演的化妆、发型设计都由学生自行完成。
　成果陈列区	成果陈列区主要摆放师生的舞美设计作品、原创剧本等。经过精心设计制作的成果,记录着师生成长的足迹,既是美好的回忆,也是师生持续创作戏剧艺术作品的动力。

　　四大功能性区域以戏剧艺术观演现场性为基础,展现了戏剧开放创造的艺术活力,体现了学校通过戏剧教育促进学生自我认知、个性发展的育人理念。学校力求为每一位参与戏剧表演工作坊活动的学生提供良好的学习成长体验。所谓“戏剧教育”,没有现成答案。它让学生通过体验、感悟、理解、表达,关注自我与他人,形成创造性思维和思辨力,从而学会观察世界。学校引导学生不断突破认知边界,学会感同身受,在此基础上建立自己的价值观、原则、责任感等,并且能身体力行。与戏剧表演工作坊紧密相连的名师工作室是学校为戏剧表演工作坊的外聘专家建立的。这些外聘专家的创意思维,使戏剧表演工作坊的空间得到无限延伸,他们在学生心里播下了通向未来的种子。在戏剧表演工作坊指导教师的悉心帮助下,田园学子数年来创作出许多优秀作品(见图3-5),共获得50多种奖项。

　　服装设计工作坊也有多个功能性区域,如服装成衣展示区、长桌设计区、时尚阅读区、机器及电脑区、手绘稿展示区。在同一时间,不同区域的学生各自开展活动(见图 3-6),互不干扰,这增强了分组活动的有效性。其中,长桌设计区的工作台和椅子可以灵活组合,空间可以根据需要而变换,打破了传统的授课模式,有利于师生、生生的交流与互动。

图 3-5　学生优秀作品示例

图 3-6　服装设计工作坊活动示例

在服装设计工作坊，学生可以接触到最前沿的时装信息。学校积极与上海视觉艺术学院合作，共同开发了课程"未来校服设计"；积极与著名设计公司合作，开发了课程"创意礼服"……这些课程让学生了解了服装的完整产业链设计并有机会自己设计制作服装作品。每学期，学校还会组织服装设计比赛，让学生通过参与完整的服装设计过程，提升服装创意设计的能力和品位，提高动手实践能力。

（三）创设"真实情境"，留下真实体验

"瓮牖与窗棂，到眼皆图画"，每一位路过学校国学·礼仪工作坊的人，都会忍不住驻足观赏。这里让人能感受到苏州园林洞门花窗般的意境，步入其中还能享受步移景换之趣，见图 3-7。

图 3-7 中式花窗设计融入诗情画意

国学·礼仪工作坊整体空间设计采用了典雅的中式风格，配有实木中式国学矮桌和圆坐垫，教师和学生均需要脱鞋进入此空间，并跪坐于垫上。跪坐是中国古代的正坐方式，师生从端庄的坐姿开始体验和学习中国传统文化。矮桌既是书桌，也是茶桌、琴桌等，师生根据不同的学习实践活动要求摆放茶具、古琴等特色用具。茶具展示架、古典衣柜加上壁龛里的古书、文玩、文创产品等，营造了充满诗情画意的国学体验空间（见图 3-8）。

图 3 - 8　国学体验空间

在国学·礼仪工作坊,学生可以根据自己的兴趣爱好,对古琴、古诗文、汉服文化、茶道、香道、掐丝珐琅等进行探究,陶冶性情,提升人文素养,自主发展,见图 3 - 9。

图 3 - 9　学生探究活动示例

主持辩论工作坊中,物理空间和思维空间有机整合,主席台、观众席的布置能让师生很快进入角色(见图 3 - 10)。主持辩论工作坊的指导教师在实践中总结经验,创立了"五度五维"训练课程。所谓"五度",即教学分层度、学生参与度、策略有效度、美育渗透度、目标达成度;所谓"五维",即情境体验、审辨想象、文化理解、创意表达、审美情趣。在这里,固定、机械式上课转变为动态、立体式上课,单一的思考想象学习方式转变为空间网状膜结构的多维训练学习方式,单一的教师授课教学方式转变为师生共同研究课程内容并总结提炼、感悟升华。主持辩论工作坊的思维空间见图 3 - 11。

图 3-10　主持辩论工作坊的空间布置

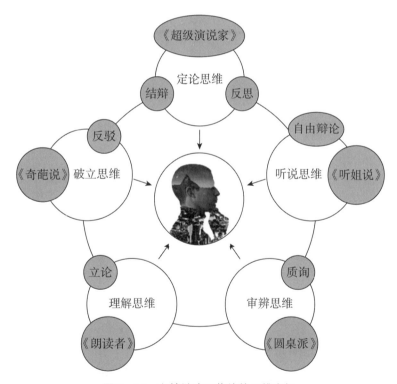

图 3-11　主持辩论工作坊的思维空间

　　主持辩论工作坊组织学生针对教育敏感问题、热点问题和棘手问题等进行辩论。控烟、早恋、校园霸凌、劳动教育等方面的辩题,都能激发学生辩证思考,使其树立正确的价值观。雄辩、激情、说理、求真,田园学子"辩以促思,明理导行"。该工作坊有效落实了立德树人的根本任务,提升了学生的核心素养和能力。

(四) 信息技术为师生成长增添翅膀

在音乐创意工作坊,学校配置了 M-AUDIO 专业录音声卡、YAMAHA 录音监听音箱、AKG B-2000 录音话筒等专业的录音设备,为学生提供了专业的录音条件。在创意摄影工作坊,有独立的摄影棚可供学生拍摄,有专用的暗室让学生进行胶卷的冲洗。这些先进的设备(见图 3-12),提升了师生学习和体验的品质。

图 3-12 配有先进设备的录音室和摄影棚

在动漫创意工作坊,师生可以随时使用电脑查阅并下载动(漫)画资料,运用平板电脑等移动设备进行设计、拍摄、制作等,还可以把作品共享到大屏幕上进行演示、交流(见图 3-13)。智能化信息设备为师生提供了更多的交互手段,使师生的交互更加直观、有趣和精准。隔断式活动区桌面上的学生端电脑、数位板等设备,为师生进行项目化学习、资料查找、小组讨论、动画脚本设定、角色场景制作、剪辑等提供了方便。在动漫创意工作坊,师生制作出了一系列优秀的原创动画作品。

图 3-13 电脑动画制作与电视机同步教学演示

第四章

春城无处不飞花:特色办学成效与示范

落实国家教育方针,办好人民满意的教育,为实现学校的发展目标而全心全意地工作,这是校长的基本职责,也是校长工作的重要内容。若是再问什么是重中之重,我会毫不犹豫地回答:一切为了学生的成长和发展!教师当然要成长、要提升,学校当然要进步、要发展,但其目的都是为了学生的健康成长和长远发展!为此,学校要搭建平台,提供机会,促进教师成长;要整合优质资源,创造物质条件,认真落实国家课程,建设符合本校学生发展的特色课程,激发学生内在潜能,实现学生个性发展!教师提升发展了,学生持续进步了,学校自然也就发展了。这里的内在逻辑是:用教师的发展引领学生的发展,用师生的教学相长来体现和确保学校的发展。这是办学的基本逻辑,也是特色办学方略的体现。

　　因此,本章以"教师发展—学生发展—学校发展"的叙事链来架构和表述特色办学成效。

第一节　园丁集：创意推动教师发展

儒家提出立人、达人、教学相长，陶行知提出"千教万教教人求真，千学万学学做真人"，我校提出"青蓝工程"。园丁培育莘莘学子，自己也获得了发展。

一、特色课程教师共建共享

学校文创发展中心编写的 12 本教学手册、12 本配套手册和指导手册已上传至线上文创资源库，面向全区开放使用。学校开发的"视觉设计""艺术工程"等数字艺术共享课程，自 2016 年起，在网络上一直对外开放，供国内外同行学习交流。学校开发的 13 门慕课作为市级、区级共享课程，拓展了特色培育的时空。韩磊老师主持的闵行区高中美育联盟活动在区里产生了较大的影响。卢海老师的"文创 STEAM 创意通识"、李卫华老师的"高中语文统编教材单元教学设计实践研究"等成为区域师资培训课程。

学校每年组织面向全区中小学生的文创 STEAM 夏令营，每届夏令营参与人数保持在 200 人左右。学校通过校本特色课程与教材，创设与学生真实生活密切相关的问题情境，培养学生项目策划、项目设计、科学建模、独立决策、解决问题、与他人合作交流的综合实践能力，提升学生的文创素养。学校在展现"田园品牌"文创办学特色和特色办学成果的同时，认真贯彻落实紧密型学区化建设和教育集团建设的要求，以共同提升区域内教师的特色文创素养为己任，做到空间共享、课程共享、素材资源共享。

二、特色教育科研成果显著

近年来，学校教师参与特色创建的积极性普遍提高。很多教师主动承担与学校特色发展相关的教育科研课题，取得了丰硕的成果。在学校教师中，有百余人次在国家级、市级、区级刊物上发表文章并获奖；有 80 余人次的课题获奖，奖项级别涵盖国家级、市级、区级。学校的特色创建促进了教师的专业发展，而教师对特色的深入研究,进一步促进了学校的特色发展。

专家来校评估时指出:"田园应充分发挥教师在特色办学中的作用,创新校本教师培训的思路。田园应力争培养与特色教师直接相关的领军人才和市级、区级学科带头人,进一步提升教师的教学和科研水平。田园应建立与文创特色直接相关的市级科研课题(学校龙头课题)、一批能紧扣文创特色的子课题,用科研引领特色学校建设工作。"这给教师发展指明了方向。学校认真研究,制定方案,落实措施,责任到人,注重实效。具体举措表现在:

（一）拓展校本培训的时空,丰富培训形式,打造教师队伍

1. 全员培训,提升教师文创素养

为充分发挥教师在特色办学中的作用,创新校本教师培训的思路,我校设计了提升教师文创素养的系列课程。例如,学校开设了面向全体教师的"唐宋八大家的艺术与认识""疫情背景下的人文素养提升"课程;开设了供教师选修的"茶艺""插花""皮艺制作""尤克里里制作"等文创实践课程;还开设了"创新艺趣"系列课程。学校每月开设文创素养讲座,每月都有一个展览。

2. 内培外训,加强文创教师梯队建设

在注重全体教师通识培训的同时,学校针对骨干教师开展了相关创意教学主题单元的培训,如"Microbit 智慧校园数字创意""人工智能无人驾驶车项目"培训课程。英语组教师利用暑假,参加了北京外国语大学组织的"中学英语教师学科素养研修班"。通过多层次、多条线的针对性培训,学校满足了教师的差异化需求。

3. 辐射引领,发挥骨干教师的引领作用

近年来,学校进一步构建了骨干教师的引领辐射机制,制定了《特色教师工作室申请制度》,并成立了"李卫华学科带头人工作室""韩磊戏剧特色教师工作室",组织引领青年教师,共同开展特色课程的开发与实施。

4. 打破界限,拓展教师培训学习时空

学校通过"超星"平台,搭建校本课程培训平台,开展线上文创通识课程、文化素养提升课程培训,延伸了培训空间,让教师自主选择培训时间。学校不断

丰富培训学习的形式,提高教师的参与度。学校利用文创类社会资源,开展形式多样的文创素养全员培训。在歌剧、芭蕾舞剧、舞台剧、民族交响乐、画展、当代艺术展等活动中,教师自主演出或参与展览项目。多样而自主的培训项目提高了教师参与的积极性。学校"每月一展"菜单式课程(部分)见表4-1。

表4-1　学校"每月一展"菜单式课程(部分)

序号	展览或演出内容	地点
1	"我做了一个红楼梦"剧幕式互动光影艺术展	外滩16·艺术空间
2	"真情无届·纪念贝多芬诞辰250周年"声音交互艺术体验大展	凯迪拉克·上海音乐厅
3	上海100匠人展手作体验	上海世博展览馆H2展厅
4	和精英们共听一堂文创大课	上海世博展览馆H2展厅
5	《山海经·国之当康》民族交响乐	东方艺术中心
6	浪漫古典——一生必听的古典世界名曲	上海交响乐团音乐厅
7	《江姐》歌剧	上海大剧院
8	《白毛女》经典芭蕾舞剧	上海国际舞蹈中心(实验剧场)
9	《尘埃落定》藏地史诗话剧	上汽·上海文化广场
10	时间的形态——西岸美术馆与蓬皮杜中心五年展陈合作项目	西岸美术馆
11	莫奈与印象派大师展	外滩壹号
12	《爸爸的时光机》奇幻装置舞台剧	上海大宁剧院
13	《师者之路》话剧	马兰花剧场
14	RE·MAKE盲盒里的重置——来自纳西的涂鸦古原整体艺术展	上海H·G新媒体艺术中心
15	"线·索"艺术节	上服德必徐家汇we园区(画家街)
16	没有足够的距离——跨界潮流艺术展	上海明珠美术馆

为了促进教师自主研修，学校为教师订阅了杂志，购买了教育教学理论专著。教师可以自主决定需要阅读的理论专著。这种自主性、差异化的形式，进一步激发了教师提升理论素养的积极性。在理论学习的基础上，学校开展了"我的课程领导力""文创素养的学科落实"主题征文活动，把这方面的建设工作引向深入。

5. 学科研修，加强各类教研组建设

教师的学科教学能力是其专业成长的基础能力。学校通过提升教师的学科教学能力来提升教师的学科教学质量。近年来，基于我校"创意课堂"的建设与"双新"的实施推进，各教研组开展了常态化的校本研修，开展校本教研活动百余场，并承办了多场区级学科教研活动。

6. "青蓝工程"，锻造青年教师队伍

为了帮助新入职的青年教师尽快适应教师岗位、站稳讲台、熟悉文创特色，学校提出"青蓝工程"。通过师徒结对、聆听专家讲座和接受校本课程、教学要求、学生管理、教育心理等专题培训，青年教师迅速成长，承担起校本特色课程建设等任务。

以上举措取得了显著的成效。学校形成了特色骨干教师系列梯队，涌现了一批特色骨干教师。学校在加强普通教师队伍建设的基础上，还着重建设了三个梯队的骨干教师，包括领军教师、骨干教师、骨干后备教师（见表4-2）。

表4-2 骨干教师队伍概览

骨干教师类型	序号	姓名	主要工作
领军教师	1	陆振权	上海市《艺术》教材编委、分册主编
	2	李卫华	闵行区学科带头人、闵行区学科中心组成员、闵行区名师工作室副主持人、学校学科带头人工作室主持人
	3	韩磊	戏剧特色工作室主持人
骨干教师	1	付宗亮	闵行区辩论联盟盟主、主持辩论工作坊主持人
	2	陈应宏	闵行区骨干人才、闵行区学科中心组成员
	3	谢海东	闵行区骨干人才

（续表）

骨干教师类型	序号	姓名	主要工作
骨干教师	4	毛 勇	闵行区骨干人才、闵行区学科中心组成员、创意设计工作坊主持人
	5	杨 俊	闵行区骨干人才、闵行区学科中心组成员
	6	屠文娟	闵行区学科中心组成员
	7	刘传文	闵行区学科中心组成员
	8	陶震英	闵行区学科中心组成员
	9	孟 雯	闵行区学科中心组成员、闵行区骨干后备人才
	10	吕 东	闵行区学科中心组成员
	11	李 达	闵行区学科中心组成员
	12	朱 虹	闵行区学科中心组成员
	13	孟洪美	上海市《艺术》教材分册编委、动漫创意工作坊主持人
骨干后备教师	1	黄子超	闵行区骨干后备人才
	2	田 超	闵行区骨干后备人才
	3	程国平	闵行区骨干后备人才
	4	黄晓菁	闵行区骨干后备人才
	5	周 曦	闵行区骨干后备人才、音乐创意工作坊主持人
	6	镇秋芬	闵行区骨干后备人才
	7	范 英	闵行区骨干后备人才
	8	吴玉琳	创意工作坊负责人
	9	史金玉	校级骨干、服装设计工作坊主持人
	10	白 敏	校级骨干、国学·礼仪工作坊主持人
	11	陆逢源	校级骨干、创意摄影工作坊主持人
	12	郑听涯	校级骨干、微电影创意工作坊主持人
	13	王媛媛	校级骨干、机器人创意设计工作坊主持人
	14	陆 荣	校级骨干、艺术总指导、"阿卡贝拉"合唱团负责人
	15	李本海	校级骨干、艺术组组长
	16	朱薇薇	校级骨干、教研组组长，服装设计工作坊副主持人
	17	汤如辰	校级骨干、创意设计工作坊副主持人

（二）加强科研指导，完善奖励机制，提升学校科研质量

1. 特色先行，建立学校龙头课题

按照进一步提升教师科研水平的要求，学校建立了与文创特色直接相关的市级科研课题（学校龙头课题），并建立了一批能紧扣文创特色的子课题，用科研引领特色学校建设工作。目前，学校龙头课题"多样化背景下普通高中优质特色的生成机制研究"成功立项为上海市规划课题并完成了开题论证。上海市第三轮课程领导力行动研究课题"基于学校特色发展的文化创意课程设计实施的实践研究""指向培养高中生高阶思维的创意课堂设计与实施研究"完成结题，经专家评审鉴定为优等项目。课题"支持文创跨学科课程建设的综合实验室设计与使用"被确立为上海市教育委员会装备中心市级课题子课题，已完成结题，并作为优秀案例参与教育装备展。区级重点课题"基于上海市特色高中创建，推进学校创意课程建设的实践研究"完成结题。

2. 专家引领，开展教育科研指导

高中阶段的教师，承受着学业质量的压力，容易忽视自身科研能力的提升。针对这一现象，我校在为教师开办科研方法普及型讲座的同时，加强对教师科研课题的个别指导。在各项区级、市级征文评比和课题评比中，学校聘请专家对教师进行一对一指导，提升科研指导的针对性与有效性，取得了良好的效果。

3. 健全机制，提高教师研究活力

针对教师发表论文质量不高的问题，学校聘请了科研专家来校具体辅导教师如何开展教育科研，同时完善了科研奖励制度，细化了奖励条款。经过专家点拨，配以制度激励，教师论文发表质量明显提升，教育科研充满活力。学校教师科研成果一览表（部分）见表4-3。

表4-3 学校教师科研成果一览表（部分）

序号	教师姓名	成果名称	成果类型	发表刊物/出版单位	发表/出版时间
1	陆振权	守望学校艺术教育	专著	东北师范大学出版社	2020年10月

（续表）

序号	教师姓名	成果名称	成果类型	发表刊物/出版单位	发表/出版时间
2	李卫华	有故事的语文课堂	专著	华东师范大学出版社	2021年6月
3	田 超	上海市地理等级考原创试题命制策略——以2020年闵行区地理等级考模拟题为例	论文	地理教学	2021年第3期
4	田 超	区域分析法在高中地理教学中的应用——以"文化与地理环境的关系"为例	论文	地理教学	2020年第8期
5	朱薇薇	My Volunteer Experience in Ghana	习题	上海学生英文报	2021年7月
6	朱薇薇	The Unsung Pioneer of Handwashing	习题	上海学生英文报	2021年7月
7	李卫华	激发诗歌教学的教育活力——以统编高中语文教材必修上第一单元为例	论文	中学语文	2021年第30期
8	李卫华	上海高考作文训练与指导	论文	当代学生	2020年第12期
9	胡荣海	高中语文"审美鉴赏与创造"能力培养的实践尝试	论文	闵行教育研究	2021年第1期
10	王苏旻	浅谈"难度等级模式"在文言文教学中的应用	论文	学语文	2020年第2期
11	王苏旻	具身认知下的空间理论在戏剧教学中的运用	论文	学科教育研究前沿	2020年第1期
12	韩 磊	小说课的教学逻辑——以邓彤老师《老人与海》教学为例	论文	中学语文	2020年第32期
13	韩 磊	情境应真实,任务能完成	论文	中学语文	2021年第6期
14	孙颖芳	一瓣心香,洁白如雪:《哦,香雪》精讲	论文	统编高中语文精讲精练	2020年第6期

（续表）

序号	教师姓名	成果名称	成果类型	发表刊物/出版单位	发表/出版时间
15	孙颖芳	简约,不简单:《登泰山记》精讲	论文	统编高中语文精讲精练	2020 年第 6 期
16	孟洪美	影视与数字媒体艺术实践	教材	上海教育出版社	2021 年8 月
17	孟洪美	影视与数字媒体艺术实践	教参	上海教育出版社	2021 年8 月
18	屠文娟	日德法西小语种,大中小学情独钟	论文	闵行教育杂志	2021 年第 1 期
19	杨　俊	运用实验教学,提升地理实践力	论文	闵行教育研究	2021 年第 2 期

　　学校把科研工作作为教研组考核的重要指标,要求每个教研组都要有区级课题研究项目。学校教师承担闵行区科研项目一览表(部分)见表 4-4。学校教师承担闵行区教育学院科研项目一览表(部分)见表 4-5。

表 4-4　学校教师承担闵行区科研项目一览表(部分)

序号	课题名称	主持人	批准时间	项目级别	批准单位
1	基于学习任务群的高一语文单元教学策略研究	黄子超	2020 年 11 月	区级青年课题	闵行区教育局
2	项目式学习在地理研学中的应用研究	王　璐	2020 年 11 月	区级青年课题	闵行区教育局
3	基于学科德育的高中"旅游地理"校本课程开发与实施	杨　俊	2020 年 11 月	区级一般课题	闵行区教育局
4	"双新"教育背景下高中语文新教材"四史"教育的扎根实践	李卫华	2021 年 11 月	区级重点课题	闵行区教育局

（续表）

序号	课题名称	主持人	批准时间	项目级别	批准单位
5	核心素养理念下的高中数学课堂教学策略探究	俞德斌	2021年11月	区级一般课题	闵行区教育局
6	指向深度学习的高中思想政治课教学研究	张晓燕	2021年11月	区级一般课题	闵行区教育局

表4-5 学校教师承担闵行区教育学院科研项目一览表(部分)

序号	课题名称	主持人	参与闵行区科研成果评比的届次	完成日期	完成情况
1	核心素养培育背景下的高中政治学科课堂教学变革路径研究	张晓燕	第11届	2020年6月	二等奖
2	提升高中生地理区域认知能力的实践探究	田超	第11届	2020年6月	二等奖
3	高中语文新教材(必修)单元教学设计与实践研究	李卫华	第11届	2020年6月	二等奖
4	基于高中学生体育意识培养的新媒体体育新闻传播研究	史金玉	第11届	2020年6月	三等奖
5	高中英语教学中的戏剧使用策略研究	翟雪梅	第11届	2020年6月	三等奖
6	以成人仪式教育为载体,培养学生生涯意识的实践与研究	范向红	第11届	2020年6月	三等奖
7	高中数学教学中的数学文化渗透研究	范英	第11届	2020年6月	合格
8	等级考背景下如何提高高三历史教学有效性	张鑫	第11届	2020年6月	合格
9	高中生数学创新精神和实践能力培养的实践研究	何洁	第11届	2020年6月	合格
10	学术类整本书常态阅读教学策略研究——以《乡土中国》为例	周芹	第11届	2020年6月	合格

序号	课题名称	主持人	参与闵行区科研成果评比的届次	完成日期	完成情况
11	高中数学"翻译与整合"解题能力培养的案例研究	刘传文	第 11 届	2020 年 6 月	合格
12	基于核心素养培育的高中数学概念课教学设计研究	李爱华	第 11 届	2020 年 6 月	合格
13	基于核心素养培育的高中化学课堂教学组织策略研究	沈春华	第 11 届	2020 年 6 月	合格
14	基于核心素养培育的高中英语美文赏析方式研究	唐为谦	第 11 届	2020 年 6 月	合格
15	高中体育教材"1＋N"组合研究	李 达	第 11 届	2020 年 6 月	合格
16	聚焦学科素养考查的地理等级考命题研究	田 超	第 12 届	2021 年 6 月	一等奖
17	提升学生系统性思维表达能力的生物等级考教学策略	孟 雯	第 12 届	2021 年 6 月	三等奖
18	思维导图对后进生数学能力提升的实践研究	任银行	第 12 届	2021 年 6 月	三等奖
19	高中信息科技算法教学提高学生计算思维的实践研究	黄晓菁	第 12 届	2021 年 6 月	合格
20	基于学科素养的物理探究课的设计与实施	程国平	第 12 届	2021 年 6 月	合格
21	高中英语阅读教学读后环节探究	沈佳新	第 12 届	2021 年 6 月	合格
22	基于整合线上资源提高课堂有效性的实践研究	冯剑峰	第 12 届	2021 年 6 月	合格
23	核心素养在高中信息科技课堂教学中的思考和实践研究	王嫒嫒	第 12 届	2021 年 6 月	合格
24	新教材背景下高三备考的实践与研究	李爱华	第 12 届	2021 年 6 月	合格

（续表）

序号	课题名称	主持人	参与闵行区科研成果评比的届次	完成日期	完成情况
25	一般高中对于数学建模教学开展的实践研究	陆逢源	第13届	2022年6月	合格
26	"双新"背景下利用思维导图提升高三数学复习效能、落实核心素养的实践研究	任银行	第13届	2022年6月	合格
27	高中语文中国革命传统作品专题研习教学设计与实践研究	周　芹	第13届	2022年6月	合格
28	"双新"背景下高中历史假期作业多元化设计研究	郭　岚	第13届	2022年6月	合格
29	普通高中生地理学习效率及其提升策略研究	李骥飞	第13届	2022年6月	合格
30	基于核心素养培育的新教材例题价值的实践研究	李爱华	第13届	2022年6月	合格
31	指向核心素养考查的高中生物等级考命题研究	孟　雯	第13届	2022年6月	合格
32	职业生涯教育与化学教学的融合研究	赵敬楠	第13届	2022年6月	合格

三、特色教师区域引领辐射

学校特色教师在区域内外发挥了示范、引领和辐射作用。一支能满足学生个性发展和学校特色发展需要、专兼职相结合的特色师资队伍承担了学校与文创特色相关的科研工作，成果显著。如韩磊老师引领学校成为闵行区美育联盟"戏剧项目"盟主校；付宗亮老师引领学校成为"高中生辩论项目"引领校。

学校特色建设和发展的影响力不断扩大。近年来，田园面向周边学校开展了60余次的文创培训或科普教育活动；接待了全国各地200多所中小学校的师生来校进行观摩、考察和交流。学校在区域内外发挥了很好的示范、引领和辐射作用,为区域内外特色教育的发展作出了独特贡献。学校教师进行区级及以上主题报告一览表(部分)见表 4-6。

表 4-6　学校教师进行区级及以上主题报告一览表(部分)

序号	教师姓名	内容或主题	时间	辐射对象	聆听人数
1	陆振权	教育,为了人更幸福	2020 年 8 月	云南省保山市中小学校长管理能力培训工程学员	30 人
2	陆振权	培育文创素养,创造美好生活	2020 年 12 月	教育部第 65 期全国高中骨干校长高级研修班学员	50 人
3	韩　磊	戏剧单元的"情境创设"教学方式探索	2020 年 3 月	成龙名师工作室学员	20 人
4	李卫华	高中语文统编教材单元教学设计实践研究	2020 年 8 月	闵行区教育学院暑期教师培训班学员	50 人
5	黄子超	上海市青年教师(2~5年)实践研究项目中期论证	2020 年 2 月	上海市职初期青年教师研修培训班学员	20 人
6	周　曦	如何撰写音乐专业通讯报道	2020 年 4 月	施红莲名师工作室成员	20 人
7	史金玉	体育教师在行动	2020 年 6 月	姚珂名师工作室成员、闵行区部分体育教师	150 人
8	周　曦	信息化技术平台辅助高中教师完成阶段性评价的探索	2020 年 8 月	国培计划学员	200 人
9	黄子超	闵行区第六届"希望之星"培训	2020 年 9 月	闵行区第 5 至 6 届"希望之星"和第 1 至 2 届"见习之星"	600 人
10	周　曦	高中艺术课中学案的制作与分享	2020 年 11 月	闵行区初中、高中音乐艺术教师	100 人

（续表）

序号	教师姓名	内容或主题	时间	辐射对象	聆听人数
11	镇秋芬	抉择之间彰显爱国之志	2020 年 12 月	闵行区第 16 期骨干班主任培训班学员	30 人
12	毛　勇	中国园林景观欣赏	2020 年 12 月	参加常州市第五中学主题教研教学活动的江、浙、沪教师	30 人
13	孟　雯	生物一模阅卷诊断报告	2021 年 1 月	高中生物教师	80 人
14	周　芹	从心所欲，遵规守纪	2021 年 4 月	闵行区第 16 期骨干班主任培训班学员	30 人
15	孟　雯	思维导图在提升学生系统性思维能力中的应用实践	2021 年 6 月	梅其芳、戴赟、黄建书名师工作室成员	15 人
16	孟　雯	基因与基因组	2021 年 9 月	闵行区初中、高中生物教师	100 人

第二节　雏凤声：创意助力学生发展

唐朝诗人李商隐用"桐花万里丹山路，雏凤清于老凤声"具体描述了"青出于蓝而胜于蓝"的意思。这也是学校推行"青蓝工程"的主要原因。学校和教师都竭尽全力，用创意促进学生发展。具体措施如下：

一、普惠全员、培养特长的文创特色社团建设

学校鼓励师生开发文创素养培育特色社团，做到两相结合，即学生自发组建和特色教师依托特色课程组建相结合。学校在时间、空间和经费上提供保障。目前，学校有编导、国学、戏剧、设计、服装、动漫、音乐、主持、摄影、微电影等十个文创素养培育精品社团；有编程、STEAM、旅游地理、模拟联合国、英语

电影赏析、文学史、健美操、趣味化学、编程、3D 打印、围棋、篮球、排球、乒乓球、羽毛球、田径等 28 个文创素养培育特色社团。每个学生都可以在田园找到符合自己兴趣和特长的社团。

全校学生都能参加各类文创特色社团活动，高一学生全部参与各类社团活动。学校的文创作品征集、美育节、文化节、读书节等文创特色活动参与率都达到 100%。社团成员依照章程制度，定期开展校内外的各类探究活动。每学期的社团招新活动和社团展示周活动已经成为学生非常喜爱的特色文化活动。

二、人无我有、人有我优的文创特色素养提升

（一）学生文创素养持续提升

自 2018 年至 2020 年，我校邀请第三方评估机构对全校学生文创素养进行了跟踪测试评估，并与全国各地的样本进行了对比检验。数据统计分析结果表明，我校学生文创素养的多数维度处在全国平均水平之上。这说明我校学生在文创特色领域的核心素养普遍高于同类学校学生。此外，本校高二年级学生的文创素养明显高于本校高一年级学生的文创素养，这有力证明了我校文创素养培育确有成效。

（二）五年来学生文创作品屡获大奖

我校在文创方面可以说是硕果累累：服装设计工作坊的汤好菲同学获得上海市中学生创意设计大赛奖；戏剧表演工作坊的韩磊老师撰写的剧本获得上海市中学生话剧节原创剧本一等奖；田园辩论队获得上海市高中生辩论赛亚军；田园合唱队连续两届获得上海百校风采二等奖；杨婷伊等四位同学的多幅美术作品、摄影作品获得上海市艺术节单项一、二等奖。

总体来看，近年来，我校学生获得区级以上文学类奖项 366 项；音乐类奖项 28 项；美术类奖项 108 项；戏剧表演、朗诵等类奖项 58 项；体育类获得 216 项。我校 95% 以上的学生能够进入本科院校继续深造。文创特长学生中，85% 以上的学生以文化成绩和专业成绩双踏线被本科院校录取。

（三）毕业生综合能力强、发展后劲足

朱明杰同学考取东华大学服装专业，大学毕业前夕获得中法时装设计特别

创意奖、全额奖学金,后来赴巴黎学习时装设计硕士课程;刘辰元同学获得欧洲时装联盟年度大赛"时尚设计师新锐奖";杨淼同学考入上海音乐学院,获得全国钢琴大赛第一名;许鹏同学获得全国大学生播音主持大赛季军;林子同学从同济大学毕业后考入牛津大学攻读博士学位;林孟浩同学获得全国大学生创意设计大赛决赛冠军。

我校学生的文学创作成果也十分喜人:凌姗珊、张奕霜、金城安、张振贤、马歇尔、俞冰越、高纬明、戴婧怡等学生在校期间便出版了个人文集。学校编辑、印制了45本师生原创书籍。

（四）创意特色静水流深、影响深远

从田园毕业的各届学生身上都留下了学校文创文化的烙印。即使毕业多年,很多学生依然清晰记得学校的办学理念。如2016届傅嘉年同学回访母校时说,"看最好的别人,做最好的自己""不比智力比努力""花开蝶自来"这几句话让他不再迷茫,不再因为过去的失败而懊恼,拥有了前进的力量。2017届宋栩云同学在微信中写道:"第一次走进校园,一尊陶行知的雕塑就令我向往。教学楼的美术长廊,一幅幅经典画作,让我感受到了田园浓烈的艺术气息,理解了田园'美育引领·和谐发展'的育人理念。"

许多学生对学校的空间育人文化念念不忘。如2016届沈皖月同学来信说:"学校的生活环境让我感到宁静与平和。春天漫天飞舞的飞絮,夏天盛开的樱花,秋天火红的枫叶,冬天挺拔的松树,为我们的学习生活增添了几分乐趣。学校走廊里随处可见被精心装饰起来的绘画与书法作品——不只是那些大家的名作,也有教师和学生自己的杰作,为我们学校增添了艺术气息,培养了我们田园学子的独特气质。"

文化的引领是通过爱的教育实现的,文创特色的发展伴随着教师对学生的关爱,因为教育是为了让人更幸福。我们很多学生深深铭记着教师的教诲。2012届陈昊同学给笔者写信:"您是一位好校长,您办公室的门永远为师生打开。您在路上遇到学生时,会主动询问、关心学生的学习情况以及生活情况,让人感到温暖。"2015届窦佳珠同学对笔者说:"田园的每一位老师都很负责,对每一个学生都很认真和耐心,这是我认为值得称赞的地方之一。田园有很多特色活动,如每周一歌、文化交流节,让我们在紧张的学习中,也能参与丰富的课外活动。"

大音希声,大象无形,"美育引领·创意发展"的办学理念,求真、向善、爱美的教育情怀在学生心中默默扎根,开花结果……

三、以特促优、特优共荣的学生综合素质提升

(一) 文创特色助力教学质量大幅提升

我校近年来的学业水平考试平均合格率达 99.09%。采集我校毕业生高考升学相关数据,绘制统计图,可以发现,从 2004 年(26.0%)到 2017 年逐年提升,2017 年为 95.8%,2018 年为 99.5%,2019 年为 96.0%,2020 年为 95.6%,2021年达到 97.5%。学校连续五年得到闵行区教育局办学绩效嘉奖。这些突出的办学绩效表明,特色发展促进学校整体提升,学校实现了"先换道,后超车",实现了"普通高中不普通育人"的特色高中创建初心。

(二) 文创特色助力优秀学生不断涌现

戏剧表演工作坊的沈朗牧同学,获得"上海市中学生话剧节表演最佳女主角""上海市高中生辩论赛最佳辩手""全国最美中学生"等荣誉称号;主持辩论工作坊的虞颜箫同学被评为"上海市三好学生",被华东师范大学录取;创意设计工作坊的林孟浩同学,负责学校各类活动的广告策划、海报制作,被上海工程技术大学录取,获得"全国大学生创意设计一等奖"。主持辩论工作坊的陈思源同学,在辩论赛中获得"最佳辩手"称号,被华东政法大学录取。目前在读的WEB 创意工作坊的郭浩然同学,获得上海市第 36 届青少年科技创新大赛一等奖,并荣获科协主席奖,他编制的程序免费下载量达 100 万次以上,有偿下载量达 16 万次以上。彭峥豪、沈唯依、朱佳妮、吴文婷、秦夕博、林孟浩等一批创意工作坊的学子,都在田园得到了非常好的锻炼,考取了自己理想的大学。通过文创特色素养培育,越来越多的田园学子被名校录取。

四、立足起点、科学前瞻的生涯发展规划引导

对学生进行生涯发展规划,是促进学生发展的高阶措施。这是着眼于学生的长远发展,让学生能享受美好人生的愿景规划。

（一）机制先行,组建生涯发展中心

秉持这样的理念,学校成立了生涯发展中心。学校以全体班主任、有生涯发展辅导专长的教师为基础团队,以心理专职教师、外聘生涯导师为专家团队,组建了一支生涯发展辅导团队,为学生的生涯规划发展提供强大的师资保障。

（二）全员导师,科学引领生涯发展

从 2012 年开始,学校实行全员导师制。高一学生在入校两个月、对学校和教师有了一定的了解后自主选择生涯导师。每个学期,导师和学生要共同参与研学考察等活动,导师从心理、生活、学业、特长发展等方面对学生进行辅导和引领。目前,我校作为闵行区高中生生涯项目学校,已经建立了学生发展长期跟踪和反馈数据库,能够为学生的生涯规划提供科学的支持。

（三）着力特长,实现生涯创意发展

我校把创意发展观渗透进生涯教育,从特长角度进行考量。每年,有 20% 至 30% 的学生能通过文创特色专长学习,考入理想的高校继续深造。他们创新学习能力强,持续发展后劲足,大学毕业后或成功创业,造福社会,或继续攻读硕士、博士学位,深造发展。左强同学考入上海第二工业大学,获得了全国水族景观造景大赛金奖。盛俞烈同学喜欢烹饪,在上海拥有三家日本料理店。冯欣廉同学考入了上海戏剧学院舞台管理专业,毕业后开了一家影视戏剧公司,多项优秀原创戏剧作品获得上海市文化发展基金会项目资助。王乐天同学考入上海戏剧学院音乐剧专业,成为一名音乐剧演员。王鹏同学成为微电影导演……学生通过学校培养和自身努力考取了理想的大学,步入社会后也能按照兴趣和爱好来规划职业发展。这充分说明我校对学生生涯辅导规划的引导是有效的,也是有意义、有远见的。

第三节 田园赋:创意促进学校发展

一、富有创意的文创特色校园环境

2018 年 9 月,学校搬入新校区,环境建设中的文创元素更加彰显。文创办公室整体规划了校园文化环境建设,使校园空间更加富有创意,灵活性大,能够满足工作坊、实训室、教学空间及办公空间的实际使用需求。如文创楼四楼的"明日世界",通过富有想象力的设计、尖端的材料和系统化的空间利用,体现了希望、乐观和未来的最佳结合,具有无穷魅力。我们在校园设计和建造中充分渗透文创特色元素,学校标志设计、海报设计、教室设计等都充分彰显了文创特色。颇具现代感的创意工作坊,充满人文魅力的图书阅览室,融书香和咖啡香于一体的咖吧……这些空间于无声处传递着育人之道。

二、广泛认同的文创特色文化活动

学校开展了一系列的文创特色活动。读书节、美育节、国际文化交流节、科技节、体育节、班主任节、微电影节、金葵花颁奖典礼等经典活动,已经成为全校师生期盼的展示平台。每周一歌、两周一次更换上下课音乐铃声,每年到音乐厅、博物馆观摩高雅艺术,每年的戏剧节、时装周、文创夏令营等,已经成为学生期盼的创意盛宴,并辐射到学区和集团内,吸引其他学校师生参与。每天中午唱歌十分钟的每周一歌活动,已坚持 15 年,所有学生三年里基本上都会唱 100 首左右的中外名曲。这个活动已经影响到部分初中、小学,这些学校的学生也开始每天中午唱歌十分钟,每天被中外经典音乐熏陶。文创特色领域取得的优秀研究成果,让学校赢得了良好的社会声誉,得到了师生的广泛认同。

三、自主发展机制保障文创特色成效

（一）学校形成一整套保障发展机制

学校建立了包括文创特色建设领导小组、文创办公室、特色课程教研组、后勤保障组在内的工作小组,制定了特色建设总体规划,引领特色发展。学校全员参与特色建设,为特色发展提供了坚实的人力资源支撑。学校健全配套制度,规范各项工作,保障了特色建设的顺利进行。学校形成了特色建设的运行机制,并组织特色课程校外专家团队和校内视导团队全程监测课程实施过程,确保特色课程有效实施。

（二）文创理念与学校文化有机融合

我们把文创素养培育特色融入学校文化形象设计、班级文化建设、环境建设等方面,力求通过校园文化建设潜移默化培育学生的文创素养,让整个校园成为文创素养培育的实验场和学生的精神家园。我校一年一度的文创夏令营和特色社团展示周,已成为学校特色文化符号,获得广泛赞誉。

四、特色鲜明认同度高的示范辐射

学校通过各种平台促进学生成长,进行引领示范。

（一）颛桥镇学区示范辐射平台

作为颛桥镇学区化办学联合体牵头学校,我校与镇内 13 所公办和民办中小学、幼儿园组成学区联合体。学区联合体围绕优质化、国际化、信息化、个性化的发展目标,组织了 30 次主题交流活动和 27 次学科联合研训活动,召开了 6 次重要会议,共享了各校的优势硬件和设施,目前已逐渐形成良好的发展态势。

（二）闵行区教育活动示范辐射平台

我校从 2017 年起积极承办闵行区高中生辩论赛,每届比赛 15 场,全区各高中代表队参与。辩论赛以"辩以明理,论以求真"为主题,为闵行学子提供了思辨的平台。我校从 2012 年起连续承办了 9 届"田园杯"区中学生作文竞赛。我校学生获奖数量和质量逐年提升,其中,张涵清同学的《苏州河赋》获得上海

市中学生古诗文创作一等奖。作为闵行区美育联盟戏剧盟主校,我校戏剧表演工作坊改编、排演的一系列剧目在市级、区级展演中屡获大奖,产生了一定的影响力。

(三)上海市教育活动示范辐射平台

我校积极承办上海市和闵行区学生夏令营活动,如 2019 年承办了全市特色学校夏令营,近 200 名学生来校进行文创体验学习。2016 年,我校成为上海市普通特色高中建设项目校、上海视觉艺术学院文创后备人才基地。2018 年,我校成为"上海市书香校园基地学校""北外田园—德稻大师文创基地学校"。2019 年,我校挂牌北外附中,进行特色建设市级展示,成为上海市首批文明校园。

(四)面向全国的示范辐射平台

随着文创楼、创新实验室的落成,学校的影响力不断扩大,前来考察交流的学校数不断增加。近年来,田园面向周边学校开展了 60 次以上的文创培训或科普教育活动,接待了全国各地 200 多所中小学校的师生来校进行观摩、考察和交流。学校在区域内外发挥了很好的示范、引领和辐射作用,为区域内外特色教育的发展作出了独特贡献。云南省香格里拉市第三中学李正钧校长来校考察学习后,很受感动和启发。在征得我校同意后,李校长直接把"美育引领·和谐发展"作为本校的办学理念。

校外专家在来校指导时指出:"田园应发挥在文创硬件资源和师资力量方面的优势,提升文创素养培育的影响力,进一步向集团内外学生开放,使特色产生辐射效应。田园应加大特色展示交流活动的力度,在全市范围内进一步扩大影响力和知名度。"

自成为上海市特色高中项目校以来,学校已经接待了 10000 余人次的来访。学校各类文创主题活动、训练营等在寒暑假、节假日会向社会开放。2021 年暑假,学校主办、承办、协办了 6 个夏令营,面向本市学生开放。我校开设的日、德、法、西、俄等小语种课程,让学生有了学好多种外语、讲好文创故事的机会。各类展示交流活动在全市范围内产生明显的影响力,享有较高的知名度。

学校举办的有影响力的文创活动一览表(部分)见表4-7。

表4-7　学校举办的有影响力的文创活动一览表(部分)

序号	时间	活动名称	参与人数	组织单位
1	2021年6月	北外田园创新艺趣培训课程(3次)	85人	闵行区教育学院
2	2021年6月	北外田园戏剧展演暨"成龙语文名师工作室"汇报展示	350人	闵行区教育学院
3	2021年6月	第二届学区化文创夏令营	600人	颛桥镇学区化办公室
4	2021年6月	北外田园金葵少年宫夏令营	300人	闵行区教育局
5	2021年6月	德稻创意短视频夏令营	300人	上海视觉艺术学院
6	2021年7月	闵行区高中辩论赛夏令营	100人	闵行区教育局
7	2021年7月	上海市青少年科创夏令营	200人	上海市示范校联盟

各大媒体纷纷介绍学校特色办学实践,见表4-8。其中,我校学生原创的微电影《杨淼的故事》,登上了闵行区教师节专场演出的舞台,获得了上海市高中生原创微电影大赛7项大奖。

表4-8　各大媒体介绍学校特色办学实践一览表(部分)

序号	时间	内容	媒体
1	2020年11月	北外田园强化节能管理,打造绿色校园	优酷视频
2	2020年12月	校园万花筒(介绍了我校的创意工作坊)	学习强国(上海学习平台)
3	2021年1月	打造文创特色高中,这所学校让学生成为更好的自己	闵行教育网
4	2021年2月	十几万家长汇聚云端,同上一节"美育课"	青年报
5	2021年4月	多语种讲"四史":华东师范大学学生宣讲团走进高中讲述长征故事	华东师范大学党委宣传部网站
6	2021年4月	封面人物·54(陆振权)	学习报(教师专业发展部分)

序号	时间	内容	媒体
7	2021 年 4 月	校园风采精彩节目——北外田园第十七届文化交流节"歌声中学习'四史'"合唱比赛	（上海教育电视台）申学记 App
8	2021 年 5 月	一所以文创为特色的高中，是如何培养个性化科创英才的	文汇 App
9	2021 年 5 月	北外田园高二学生郭浩然日前斩获上海青少年科创大奖——一学期只上五门课，宽松氛围"孵"出科创英才	文汇报
10	2021 年 6 月	以青春之我 耀信仰之光 让党史与 Z 世代"零距离"	青年报
11	2021 年 6 月	高二学生只上五门课，却能斩获青少年创新大赛最高奖项，学校如何为学生定制个性化成长方案？	看看新闻
12	2021 年 6 月	打卡课堂，探访校园——北外田园为有专长的学生定制个性化培养方案	上海新闻综合频道
13	2021 年 6 月	致敬 18 岁成人礼，毕业生组团接种疫苗	看看新闻
14	2021 年 6 月	瞧，北外田园举办了一场特殊的成人礼	新华网
15	2021 年 6 月	上海闵行高中毕业生致敬 18 岁成人礼	今日闵行
16	2021 年 6 月	北外田园高中生戏剧展演"戏如人生"	今日闵行
17	2021 年 6 月	北外田园高中戏剧展演"以史鉴今知史爱党"	新民晚报 App
18	2021 年 6 月	用戏剧感悟"红岩精神"，这所高中的"美育引领"创意足	文汇 App
19	2021 年 6 月	上海市大中小学生"爱我国防"演讲比赛总决赛各奖项出炉（钱喆昊同学获上海市二等奖）	东方教育时报
20	2021 年 6 月	午睡、早睡、科学运动……提升学生体质，这些学校各有妙招	文汇 App
21	2021 年 6 月	北外附属上海闵行田园高级中学校长陆振权：管控手机使用，培养学生"拿得起，放得下"的品格	今日头条

（续表）

序号	时间	内容	媒体
22	2021 年 6 月	北外附属上海闵行田园高级中学校长陆振权：管控手机使用，培养学生"拿得起，放得下"的品格	东方教育时报
23	2021 年 6 月	北外附属上海闵行田园高级中学设"手机暂别柜"，培养学生"拿得起，放得下"的品格	第一教育 App
24	2021 年 6 月	培养学生"拿得起，放得下"的品格，上海这所中学这样管理手机	东方网 App
25	2021 年 7 月	让学习活起来，上海学校用心学好"党史"这本教科书	青年报
26	2021 年 8 月	北外田园陆振权校长接受东方电视台品牌学校栏目组采访	东方电视台
27	2021 年 9 月	网络游戏缘何让孩子们"欲罢不能"？该怎么和孩子定下"契约"？听听教育专家怎么说！	长三角热线
28	2021 年 9 月	开学第一周学校落实"双减"工作实施方案，听听学生们怎么说？	文汇报
29	2021 年 9 月	"双减"后北外田园高中里的快乐学子	上海教育新闻网

五、文创特色建设取得丰硕成果

（一）重点研究项目成果显著

学校课题"美育引领，构筑和谐学校文化的理论与实践研究"先后被列为闵行区重点课题、上海市规划课题，被纳入全国教育科学"十一五"规划项目、教育部规划课题"普通高级中学特色学校研究"专项课题。学校区级重点课题"以美辅德的学校德育实践研究"获闵行区科研课题一等奖。学校市级课题"普通高中美育创意特色课程促进学生个性化发展的实践研究"获得 2017 年市级教科研成果二等奖。"基于文创特色高中建设的文创特色课程设计和实施""基于高中生思维品质提升的创意课堂设计和实施"两个课题，是上海市教育委员会教学研究室第三轮课程领导力项目学校的立项课题。学校发展核心课题"多样化背景下特色普通高中生成机制建设策略研究"在 2020 年被列为区级重点课题、市级规划课题。学校的"课程实施规划"获得上海市教育委员会教学研究室"特色规划奖",我校是本区获奖的两个高中之一。学校连续 15 年坚持落实课堂教学改进项目,课题"一般普通高中聚焦创意涵育的课堂教学变革实践探索"在 2021 年获得上海市基础教育优秀教学成果二等奖。

(二) 学生文创成果丰富

除学习成绩不断提升外,学生在竞赛活动中也屡获大奖。如学生获得了上海市百校风采二等奖,上海市课本剧比赛二等奖,上海话剧艺术节原创剧本一等奖、表演二等奖,区级合唱比赛一等奖。学生的美术作品和摄影作品获得上海市艺术节一等奖。音乐创意工作坊创编的"自由探戈"获闵行区第四届艺术节乐队专场比赛二等奖。学生多次在上海市"上外杯"中学生英语竞赛中获一、二、三等奖。一大批优秀学生考入上海交通大学、同济大学、华东师范大学、华东理工大学、华东政法大学、东华大学等重点大学,形成学业质量与文创素养的和谐发展态势。

第四节　美誉度:创意提升社会影响

每一届新生入学,都要学习文创必修课程"创意通识课"。课程结束,学校会开展满意度调查,主要关注以下问题:教师授课内容是否符合培育目的和学生的预期? 教师能否清晰表达授课内容? 教师是否注重学生的反馈,努力改进授课效果? 教师的课程设计和教学方法是否有效促进了学生的学习,激发了学生对课程的兴趣? 学生对该门课程的掌握程度如何? 学生对学校课程设置的总体满意度如何? 调查结果显示,学校师生对文创特色的知晓度达到 100%,对特色发展的认同度达到 90% 以上;学生对学校课程与教学的满意度达到 97% 以上;学生、教师和家长对学校发展的整体满意度均达到 90% 以上。调查结果还显示,许多初三学生填报志愿时就是因为文创特色而优先填报田园的。

　　教育的本质是育人,每个学生背后都有一个家庭,而家庭是社会的重要组成部分。因此,学校认真教育好每一个学生,学生的口碑会影响社会对学校的评价。文创特色最直接的受益者就是学生。北外田园的学生对学校文创特色的评价如何? 且看学生"田园赞"。

学生"田园赞"一

从虹桥机场到北外田园

　　题记:从虹桥机场到北外田园是 15 公里的路程,这 15 公里的路正好也是我读高中时每天从家到学校的路。在虹桥机场起起落落的飞机让我最终走上了民航的道路,但是在走上这条道路前,北外田园从点点滴滴上引领了我。

　　北外田园是一所与众不同的高中,从两方面深刻影响了我:一是我读高一时参加的机器人创意设计工作坊;二是我读高二时参加的编导班。

　　不同于其他学校第一天便是上课,我在北外田园的第一天是选择自己感兴趣的社团。看到机器人创意设计工作坊时,我眼前一亮:由于机器人的设备费用高昂,很少有学校能够为学生提供这样的学习机会,而机器人的制作与编程也往往让人沉迷。抱着试一试的心态,我来到了位于老校区 5 楼的机器人创意设计工作坊。令我记忆犹新的是,20 平方米左右的房间中,居然有一整面墙贴满了奖状。当我正在震惊的时候,王媛媛老师走了进来,告诉我们这些都是学长在市里乃至全国获得的荣誉。从那时起,我的心中便种下了一颗希望为校争光的种子。

　　结合着这一想法和自身兴趣,我在机器人创意设计工作坊里不懈努力,渐渐成了工作坊里的主力成员。但当老师提出让我去参加 2016 年世界教育机器人大赛(World Educational Robot Contest)世界锦标赛时,我还感到有些信心不足。由于这场比赛难得在上海举办,如果错过了很可能就没有机会再次参加,最终,在学长的鼓励和带领下,我和另一个同学参加了第一场比赛。在巨大的压力下,我和小伙伴们在工作坊里备战了一个多月。而正是因为有了这样的努力过程,我们最后才能在赛场上为校争光。从那以后,我和工作坊的小伙伴们参加了无数的比赛。从区赛到市赛,我们挥洒下了汗水,也收获了成果。

在这一路中,我发现不只是我在为兴趣付出,兴趣也引导了我:在每次参赛的过程中,我都能想到更好的方案,这让我养成了"遇事时反复想一想是否有更好的方法、更好的选择"的好习惯。在我选择了民航学院后,我发现工作坊对我的性格影响尤为明显:在初中的时候,我做事往往欠缺考虑,而在工作坊的日子里,我形成了更为严谨的性格。在大学民航课程中,我学习到了驾驶舱资源管理(Cockpit Resource Management),管理中,也需要用到我在工作坊中学习到的合作精神——每次遇到困难,都可以通过小组协商共同解决问题。

在工作坊的学习,使我在高中三年发生了极大的变化。当时,每次我离开工作坊时都会发现隔壁的工作坊内有人在背书。在巨大的好奇心之下,我打听到了那是报考编导专业的学生,这让我对编导这个专业产生了兴趣。终于,怀揣着这份热忱和好奇,我在高二时选择了编导课程,吴玉琳老师在第一节课上就给我留下了深刻的印象:一向对文化类知识不太感兴趣的我在第一天就了解了关于电影幕后的知识。从不同的镜头到电影的核心——戏核,我对影视作品有了全新的了解。以前,我觉得看电影只是一种娱乐项目,但在上了这一节课后,我发现,电影是生活的一种体现,是艺术的一种表达方式。我第一次意识到,艺术是源于生活,又体现在生活中的。虽然最后我没有选择编导这条路,但是学习编导课程让我掌握了欣赏电影、欣赏生活的另一种方式。刚刚进入大学,我便观看了电影《中国机长》,从所学专业知识来看,电影中的种种细节都与实际不太相符,但从影视鉴赏的角度来说,电影需要用戏核冲突来吸引观众。所以,当我观看影片时,我知道,导演用电影把机长这个职业呈现在了观众面前,让人们认识到这个职业的危险以及民航人为确保安全所做的种种努力。

高二一年的编导课里,从写故事到影评,都给我留下了深刻的印象。其中令我印象最深的是关于《百花深处》的影评。我们看了一遍又一遍,才慢慢看懂了这颇有深度的短片,惊叹于导演手法的巧妙——他把深意全部隐藏在了镜头中。这让我满怀对编导影评的憧憬。我至今还记得自己当时写的影评:"如果说'旧物'是对于一去不返的曾经的美好留念,那么陈凯歌导演的《百花深处》无疑把这种对京城古都的怀念,尤其是对北京特有的四合院文化的怀念表现到了极致。"

写在最后：不知以后功成名就之时，在晴空万里，虹桥机场 36 号跑道降落的等待程序上能否一览母校的全貌？

（2019 届毕业生　冯鸿睿）

学生"田园赞"二

好学生是夸出来的

一个人遇到好老师是人生的幸运，我觉得自己就是一个很幸运的人，因为我在高中的学习生活，直到现在回忆起来都是满满的幸福。我很庆幸，我回忆里青春的名字，叫作田园高中。

我取得一点成绩，老师都夸我

我在高中时是班级的文艺委员、组织委员，老师都特别喜欢我，觉得我在文艺方面很有天分。印象中，他们总在夸我，支持我参加了很多相关的活动，如高中生作文比赛、主持人比赛、歌唱比赛，每次我都能获奖。有时候，我有很多新奇的想法，想排练小品，想写剧本，虽然这些想法非常"大胆"，但是老师都鼓励我勇敢尝试。久而久之，我收获了很多乐趣，别人觉得很难写的作文，我总能很快写完，还能拿奖。每次有突破，我又能从老师那儿得到鼓励，形成良性的循环。这是我对母校最深的记忆。

从优秀师长身上汲取养分

能够进入田园高中学习，我最想感谢的人就是陆校长。进入田园高中，是我人生中一个重要的转折点。我记得当时我的数学成绩不好，如果数学能达到平均分数，我就可以信心十足地去参加高考，但这是不可能的。陆校长经常说，看最好的别人，做最好的自己。虽然我数学不好，但是我语文特别好，自己本身也很喜欢电影、文学，所以我这种偏科生在田园高中也过得特别幸福，因为田园的老师不会因为我数学不好而不喜欢我，他们总能发现我身上的闪光点。

每天午睡起来，学校都要求学生大声唱歌十分钟。三年的时间，我学了 100

首流行歌曲。田园的走廊里到处都是世界名画（高仿复制品），上下课铃声每周都换不同的世界名曲。田园还有富有艺术气息的校园环境。我想，正是因为有了这些艺术熏陶，才培养了我文艺的一面。

回国第二天，我就来母校报到

本科就读期间，我获得了全国大学生公关策划大赛的冠军，有机会公费赴日交流学习。本科毕业时，我拿到了复旦大学的文学和东华大学的管理学双学士学位，是优秀毕业生，有机会获得高薪工作。我听从了陆校长的建议，选择去日本早稻田大学继续深造。后来，陆校长联系我，说学校要发展文创特色，问我愿不愿意试试看。

二话不说，我用了一周的时间，写了一份64页的田园高中文创特色建设发展规划书，陆校长看了之后很满意，邀请我担任学校文创方面工作的负责人。于是，我成了田园高中的文创负责老师。当被问及为何放弃高薪工作，回归母校时，我回答道，因为我有母校情结。当被问及是从哪所学校毕业时，我会很自豪地说，我是从田园高中毕业的。陆校长身上有一种感染力和凝聚力，能够把所有的师生都凝聚起来，让大家发光发热。在早稻田大学的学习结束后，回国第二天，我就来田园报到了。因为我想把我收获的这些师恩，传递给我的学弟、学妹和我的学生，把田园的精神传承下去。

现在的我已经在田园高中工作5年了，和以前教自己的老师成了同事，亦师亦友，他们总是会给我很多指导和鼓励。工作中，我善于挖掘市场需求，结合部门项目优势提供创意方向，探索不同的创意产品、解决方案，并融合打造体系化进阶案例，如打造了全新的创意工作坊项目，为优质课程内容从课堂转向网络提供了参考路径，创造了具有代表性的经营和内容价值。如"特色高中推进之路""基于学习环境重构的创新实验室设计探索""青少年文创拔尖人才培养计划""文创教育系列课程体系"，从前期C端探索到B端合作，再到文创产品IP研发，在持续创造经营价值的同时，我不断改革创新，寻求新的商业价值。在总结几年的工作经验后，我还具有了统筹协调的大局观，勇于承担相应的责任，能扛事，不怕事，面对重大紧急任务能够顶住压力，按时且高质量完成，发挥自身的带头作用。

我感到很幸福,很幸运,希望田园学子都能拥有我这种幸运,成为田园的骄傲。

(2008 届毕业生 吴玉琳)

学生"田园赞"三

和美丽的世界相逢

三年,我想这或许是大多数田园学子与田园的故事长度,"咔嚓——",拍一张毕业全家福就是终点。而我和田园的故事还在继续。

我想生活在老校区里,那是最温暖的地方,麻雀虽小,五脏俱全。当时,我们总是抱怨要绕着那 200 米的塑胶跑道要跑好多圈,教学楼的金鱼总是会被喂得饱饱的。那里不仅有我怀念的中午可能抢不到的特色面条,还有我记忆里的那些人和时光。那种特色面条已经吃不到了,过去的时光也回不去了。

如果说按照成绩来评定,我肯定不是一个合格的读书人。我不是一个非常聪明的学生,学新东西时总是慢些。班主任李爱华老师会耐心讲解我学不会的数学题,教语文的孙老师能一针见血地指出我作文中存在的问题,教英语的邓老师包容了我每一次早练习的迟到,教化学的沈老师课间会带着我默写复杂的化学方程式,教体育的史老师在传授我体育知识的同时告诉我如何有针对性地增强体质……在众多老师对我的栽培下,我从未偏离学习的正轨。陆校长"美育引领·创意发展"的理念,确实带领着我发展起来了。我甚至认为,我就是美育、创意教育下的葵花,疯狂汲取着老师的厚实知识养分,我不断被浇灌、吸收营养,最后长成了一朵具有田园精神的金葵花。几年时间里,我蜕变着,无论是学习习惯、学习方式还是学习精神,我都向好看齐。"美育"和"文创"的概念与我学习的编导专业相结合,改变了我内向的性格,我渐渐喜欢大方交谈。田园潜移默化,改变着我。我在这里,找到了可以让自己发光的东西,也就是编导。

在没有遇到编导负责人吴玉琳老师前,我眼里由密密麻麻文字构成的编导资料是冰冷的。直至今日,我都记得,刚刚开春的时节,穿着厚厚衣服的我被她吸引了，内心逐渐滚烫。她面带笑容，热情走进我的世界，用她身上的能量影响着我。我的编导世界宛如枯木逢春，我的高中生活也变得闪亮。

一盏盏昏暗的灯照在我手上需要背诵的文化常识资料上，冬天的台阶很凉，但我一坐就会坐上很久。压力很大的日子里，我经常会深夜坐在台阶上哭。备考的那段日子里，我喜欢去天台偷偷扔纸飞机，可能是为了放飞理想，也可能是为了释放压力；喜欢去文创办公室，和小伙伴一起偷偷看考纲电影，来躲避午睡；喜欢坐在答题黑板旁，一边看那些自己解不出的数学题，一边为手里背不出来的文学常识而发愁。那段"发了疯"的日子，是我怀念不已的，满是冲动的青春文学，也只有那个时候才能谱写得精彩。不过，最后这些昏暗的灯却照亮了我的未来。当编导统考分数出来时，全市第一的成绩让我更坚定了自己未来要继续学习影视编导。因为选择了这条路，我与田园再次相逢。趁着课余时间，我会来母校帮着做一些事，这既是心之自豪，也是心之所向。我喜欢来学校，这是最纯净的地方。

以前，我坐在教室里望着窗外，感受着嘎吱作响的电风扇慢慢转动吹来的阵阵凉风，撑着脑袋，畅想自己未来会在哪里挥洒青春热血。如今，我走在校园中，转变了身份，已经成了建设田园的一分子。每当遇到曾经栽培我的老师，我心中总会涌起自己上学时的感受。现在，我一边感受着学校的进步，一边充实自身，学习更多知识。现在，400米塑胶跑道上，虽然没有过去的伙伴和我一起散步，但我自己一步一步也走得踏实稳健。

细细想来，我怀念的是青春里的遗憾、青春里的冲动，而这一切刚好发生在田园。

我不喜欢以句号结尾的形式，我和田园的故事不会就此结束，对我来说，对我们田园学子来说，和田园的故事永远都是进行时！很幸运，我可以和田园一起成长；很荣幸，我可以见证田园逐渐辉煌；很幸福，我是田园人。

北外田园，是我眼里、心里的美丽世界。

（2018届毕业生　程云婷）

学生"田园赞"四

回忆里青春的名字

那些年,你教会我成长;那些年,你教会我爱。蓦然回首,你依旧是我回忆里青春的名字——北外田园。

2016 年,我作为戏剧特长生来到田园高中,环境优美、清新宜人是我对田园最初的印象。田园是花园,是果园,是桃李芬芳园。春天有含苞待放的月季、争奇斗艳的玫瑰;夏天有金黄的枇杷、翠绿的毛桃、紫红的无花果和泛红的杨梅;秋天树上结满了沉甸甸的小柚子;冬天,松树崭露了它的头角。操场旁边还有一块田地用来种植向日葵,每一朵向日葵都散发出朝阳的气息,独特、活力、昂扬,田园和我的故事也从这里开始书写……

"美育引领·创意发展"的办学理念,创意工作坊成了田园独有的代名词。田园学子在学习中感知生活,创造属于各自的精彩。我就是在这样一所以文创为特色的学校里度过了三年的美好时光。

刚入学,我就加入了感兴趣的戏剧表演工作坊和主持辩论工作坊。表演,让我学会了坚持。从"我饰演角色"到"我成为角色",从古代剧到现代剧……每一次尝试都是一次蜕变,让我更加贴近人物。在反复练习的过程中,我不免感到迷茫和乏味,是老师的陪伴给了我动力,是老师的安慰让我坚持不懈。渐渐地,我同"表演"成了朋友,老师专业而悉心的教导加深了我对戏剧表演的热爱,也提高了我的表演能力。2016 年"鲁迅杯"上海市中学生课本剧大赛最佳女演员和闵行区"良相杯"课本剧比赛最佳女主角,是对我努力付出的回报和我对老师最大的感谢。

辩论,是我以前从未尝试过的领域。勇敢和团结是我收获的两大宝藏。看见学长、学姐在辩论场上各抒己见时,我就知道自己要勇敢踏出这一步,锻炼快速反应和逻辑思维能力,加入辩论队伍,像他们一样捍卫自己的立场。闵行区美育推进会辩论表演赛上,我们的表现给闵行区领导和老师留下了深刻的印象,此后,我们一路向前,在上海市辩论大赛小组赛中打败上一届的冠军,挺进决赛并摘得亚军,让来自市、区的各支优秀队伍记住了北外田园的大名。获得"全国最美中学生"称号、田园金蔡花奖学金、上海市演讲精英赛二等奖,在电视台播出的上海市读书节闭幕式朗诵……都成了我回忆里的高光时刻。这所有的一切都离不开田园对我的栽培和支持。如今的北外田园拥有一张闪亮的名片,"美育＋创意＋外语"的特色让学校变得独一无二。北外田园的身影多次出现在各大公众号文章和电视台频道上,我打心底替母校高兴,也为我是田园学子而感到自豪。

步入大学以来,我一直忘不了母校对我的影响。我从共青团员变成入党积极分子,从校级优秀团员变成校级三好学生,从文艺部干事变成部长再晋升为学生会主席,从艺术团干事变成话剧团团长,从获得学校情景剧大赛三等奖到获得学校演讲比赛二等奖,从获得学院篮球赛第一名到参与学校运动会健美操团体表演,从参与学校社会实践优秀课题到参与学校创新创业优秀项目,从三次获得综合奖学金到两次获得学校荣誉奖学金……

我深知,是田园成就了现在的我,"看最好的别人,做最好的自己"也变成了我的座右铭,时刻提醒、激励我。感谢田园,感谢一路走来启发、帮助和支持我的恩师,你们让我在学习中收获,在实践中成长。

曾以为,一首一首的歌会唱到老,一群一群的人会陪伴到老,一张一张的奖状会贴满房间。青春,那一点一滴的回忆,让人铭记于心。高中三年是甜甜的气息,是幸福的味道,我们总能在课堂上、在校园里、在马路边寻觅到各种各样的乐趣,哪怕是一朵花儿的盛开,也值得同样鲜活的生命为它欢呼喝彩。田园和我的故事还在续写,田园永远是我回忆里青春的名字。祝愿母校在今后的日子里发展得越来越好,走向新的辉煌!

因为回忆,所以美好。北外田园,是你让我记住了青春。

(2019 届毕业生　沈朗牧)

第五章

新词宛转递相传：特色办学创新与亮点

《国家中长期教育改革和发展规划纲要(2010—2020 年)》中明确指出:
"推动普通高中多样化发展。促进办学体制多样化,扩大优质资源。推进培
养模式多样化,满足不同潜质学生的发展需要。探索发现和培养创新人才的
途径。鼓励普通高中办出特色。"这是从国家层面明确了普通高中发展的方
向。2010 年,《国务院办公厅关于开展国家教育体制改革试点的通知(国办发
〔2010〕48 号)》发布,批准北京、天津、上海、江苏、黑龙江、陕西、四川、新疆、宁
夏等省、市、自治区通过承担国家教育体制改革试点任务的形式,实施"开展
普通高中多样化、特色化发展试验"项目。

　　作为改革试点区之一,自 2011 年起,上海市教育委员会启动了上海市特
色普通高中建设与评估项目。先后有 60 所学校成为"上海市特色普通高中
创建项目学校",涵盖人文、科技、艺术、理工、社科、金融、医药等领域,呈现出
百花齐放的发展格局。截至 2022 年,共有 17 所学校被命名为"上海市特色
普通高中"。上海市教育委员会根据"成熟一所创建一所,创建一所命名一
所"的原则来推进创建工作,并依照"注重基础、聚焦特色、统一标准、宁缺毋
滥"的评估原则,严格把关,突出特色高中"特"的创新亮点,达到"既百花齐放
春色满园,又万紫千红各不相同"的效果,从而整体提升上海市普通高中的
质量。

第一节　巧设计：文创特色建设构思与设计

特色办学，核心要素体现在特色课程的建设上。可以说，特色课程是特色办学的燃料舱，有什么样的特色课程，就培养什么样的特色人才。因此，本章主要从特色课程建设方面进行阐述。

一、文创特色课程建设缘由

我校创建初始，各方面基础薄弱。针对当时学生普遍自信心不足、学习缺乏内驱力，而社会普遍重视智育、忽视美育、弱视个性、轻视生命成长的"单一育分"现象，学校感到，这样培养出来的学生是难以适应社会发展需要的。根据当时国家提出的教育要求，学校从实际出发，坚持科学发展观，遵循教育规律，尊重学生个性差异，把"美育"作为特色办学的切入口，先后提出"美育引领·和谐发展""美育引领·创意发展"的特色办学理念。学校以"为每一位学生的终身发展和幸福奠基"为教育宗旨，坚持"每位学生天生有才，每位学生各有精彩"的学生观，以美育为底色，以创意为特色，开发了"美育创意"文创特色课程，全力满足学生的个性需求，旨在使学生具有求真的科学精神、向善的人文素养、爱美的审美情怀，成为全面、和谐、可持续发展的合格高中生，成为具有健全人格、强烈社会责任感、创新精神、实践能力的社会主义合格建设者和接班人。

二、文创特色课程设计的价值和意义

在学生发展上，学校在坚持面向全体学生的基础上，尊重每个学生的个性特长。学校依据学生能力和心理发展特点，遵循教育规律和人才培养规律，根据国家教育方针和创新型国家对建设人才的需求，结合实际，巧妙处理国家课程、地方课程和学校课程的关系，打破学科限制，开发"美育创意"文创特色课程。学校整合各类教育资源，在环境育人、课程育人、课堂育人方面进行实践研究,突出审美素养和创新素养培育,体现课程增智益趣、体验超越、实践创生的作用,实现学生多元、特色、可持续发展的多渠道成人成才育人目标。

在培养模式上,学校突破一般意义上的"尖子生"选拔再加工的培养模式,从学生非智力因素入手,用满足兴趣和尊重个性激励学生自主学习,促使学生文化基础扎实、创意素养突出,实现个性化发展。学校要创造"各美其美、美人之美、美美与共"的育人格局,形成创新人才早期发现和培养的新模式、新机制。

在培养理念上,《关于全面加强和改进新时代学校美育工作的意见》中强调,美育是审美教育,也是情操教育和心灵教育,不仅能提升人的审美素养,还能潜移默化地影响人的情感、趣味、气质、胸襟,激励人的精神,温润人的心灵。美育与德育、智育、体育相辅相成、相互促进。这也是学校坚持的育人理念。

在教师发展上,学校要解决教师发展瓶颈问题和教师职业倦怠问题,不断更新文创特色课程,激发教师的想象力和创造力,使教师紧跟时代发展要求,努力培养"双创"型人才。

在实践操作上,学校要通过实践探索、梳理整合、检验反思等工作,总结出文创特色课程的基础架构、科学体系、实施途径、发展前景和育人价值,要为同类普通高中特色育人促进学生个性化发展提供经验。

第二节 勤耕耘:文创特色建设过程与方法

一、策略和方法

创建文创特色教育实施平台,使全体高中学生在美育素养的基础上,主动选择,创意发展,个性和兴趣得到充分发展,潜能得到最大限度的开发,进而获得全面发展。具体策略和方法体现在四方面。

(一)课题引领

课题源于问题,挑战就是机遇。一个学校的发展,涉及方方面面的工作,但不同时期的工作重点是不同的。初创时期，建章立制最为迫切，有章可循能够保证学校稳定、有序发展。提升和发展时期，需要针对发展中的重点、难点工作进行突破。这就需要形成学校发展的核心课题，全校教职工合力进行实践研究，在研究中分析、整理、分解、落实、突破、反思、再实践，克服一个个难点，逐步实现提升和发展。文创特色建设也不例外，我们根据学校不同时期的发展需求，先后确立了学校发展的核心课题，以课题的实践研究，来推进和实现特色办学。学校确立的核心课题包括"美育引领，构筑和谐学校文化实践研究"（2009年全国教育科学"十一五"规划课题、教育部规划课题）、"改革课堂教学评价，促进课堂教学改进的实践研究"（2012年市级课题）、"普通高中和美教育环境建设的实践研究"（2016年区级重点课题）、"基于学校特色发展的文化创意课程设计实施的实践研究"（2019年市级课题）、"指向培养高中生高阶思维的创意课堂设计与实施研究"（2019年市级课题）、"多样化背景下普通高中优质特色的生成机制研究"（2020年市级教育科学规划课题）、"单元教学视域下的教考一致校本作业体系建设"（2022年市级课题）等。

（二）环境营造

学校积极建设充满文创特色的校园物质文化环境，注重环境育人。校园环境精致优雅。放置了"陶行知"雕像的行知天地，放置了"蔡元培"雕像的美育天地，仁山智水、中外名画画廊等人文景观，以及一年都披绿、四季有花香的优美环境让人心随境转，在潜移默化中受到美的熏陶。"葵花园""百果园"等18个富有特色的美育园地，使全校18个班级的班级文化建设都围绕美育展开。学校还形成了校本环境美育课程。学校美育特色鲜明生动，形成了富有艺术气息的办公室文化、班级文化、墙面文化、休闲文化。学校改造了两个楼层，供师生远观眺望、读书讨论、静默思考。学校增设了教工之家，形成了充满艺术气息的教工茶歇文化。学校建设了健身房、乒乓房、圆桌会议室、心理放松室等空间。底楼由中外经典绘画作品组成的艺术长廊，让学生潜移默化地接受艺术的熏陶。

环境改造和设备更新相配合，学校重新设计了校园小剧场，更新了剧场灯光系统、音响系统、投影系统、转播系统,建成了较专业的舞台,为话剧特色课程的实施提供了理想的场所。学校增加了高清视频编辑机、高清摄像机、调音台、录音设备、拍摄轨道等专业设备,满足电视台、广播社团的节目制作和播出需求。学校更新了校园广播系统,使其具有便利、智能的独立分区运行功能,满足师生开展体育特色项目的需求。学校升级了音乐教室的设备,安装了高清投影机、高保真音响设备,为开展形式多样的艺术欣赏课程提供了保障。学校为摄影拓展课配备了摄影棚,购置了专业单反相机、镜头。学校积极投入,保障文创特色课程持续发展。

(三) 团队研发

校内外专家和毕业学生共同组成了文创特色课程研发团队。基于学生需求,师生共同参与文创特色课程开发。学校成立了以校长为组长,由分管教学的副书记和教学管理中心、教师发展中心、学生发展中心等中心的主要负责人组成的学生文创素养培育项目核心小组。学校建立激励机制,鼓励广大教师苦练内功,承担文创特色课程的设计、开发、实施,逐步培养了一批能满足文创特色建设需要的专业师资队伍,确保了文创特色建设的质量。很多学生进入大学后,主动承担母校开发、更新文创特色课程的任务。目前,我校创意工作坊的校外助教都是我校的毕业生。

(四) 体系架构

文创特色课程和学校整体课程有机融合。"美育创意"文创特色课程开发设计与上海基础教育的三类课程紧密结合,相互融合。学校以美育为基础素养,以创意教育为核心素养,构建了学生文创素养培育的"金字塔"模式。学校通过"美育创意"积淀期、拓展期、研究期三个阶段的教学,实现以美育人、创意发展。学校开发了覆盖三类课程的"美育创意"文创特色课程。学校建设了25个文创特色科目,在"以美辅德、以美益智"中增强学生的文创意识。学校建设了支持学生职业生涯发展的创意工作坊。学生在创意类研究型专题学习的基础上,根据生涯规划,自主选择"特长领域",在工作坊中实现创意表达。学校的文创特色课程,不仅符合"美育引领·创意发展"的办学理念,还符合教育部"把更多课程的选择权交给学生，把更多课程的开发权交给教师，把更多课程的设置权交给学校"的要求。

二、环节与过程

学校"美育创意"文创特色课程建设和实施分为四个重要阶段。

（一）美育特色课程的开发与实施期（2005 至 2012 年）

学校早在 2005 年就提出了"美育引领·和谐发展"的特色办学理念，把"美育引领构筑和谐学校文化的实践研究"作为学校的核心课题，着手开发美育特色课程。学校在基础型课程中挖掘和渗透美育，在拓展型课程中融入百幅经典美术作品欣赏、百篇美文佳作欣赏，开发了动漫、编导、摄影、健身等多门美育拓展课程，在研究型课程中融入相关审美研究成果。学校在 2012 年形成了完整的美育特色课程体系。

（二）创意特色课程的酝酿期（2013 至 2014 年）

2013 年，学校把十年的办学成果总结成"创意"系列丛书，创意开始在田园萌芽酝酿。2014 年，为了响应国家"大众创业，万众创新"的号召，学校开始考虑转型发展，希望通过提升学生的美育素养，培养学生的创新精神和实践能力，并力求从基础型、拓展型、研究型三类课程上探索突破，培养学生的创新意识。2014 年，学校在特色社团美术创意、编导、音乐、话剧表演、编导、播音主持、机器人等方面开设创意特色课程。

（三）"美育创意"文创特色课程体系的形成期（2015 至 2016 年）

2015 年，根据国家发展对高中教育的要求，依据《上海市推进特色普通高中建设实施方案（试行）》要求，学校确立了"美育引领·创意发展"的办学理念，制定了"美育引领·创意发展"的文创特色高中建设规划，提出了建立文创特色高中的目标。学校把创意工作坊作为文创特色发展起点，整合各类课程资源和教育资源，打破学科界限，开发形成了以创意工作坊为主要内容的文创特色课程，构建了文创特色课程体系。同时，学校提出了"创意课堂"建设构想，强调教师要在记忆、理解、运用的"低阶思维"教学基础上，重视分析、判断、创新的"高阶思维"研究探索。为此,学校设立了"创意课堂教学奖"。

(四)"美育创意"文创特色课程体系的完善期(2017 年至今)

创意工作坊设备齐全、先进,文创特色课程开发和实施效果好,学生文创成果频出。学校积极向全区、全市和全国各地来访的教育同仁展示和推广文创特色课程办学实践经验。2017 年,学校成为颛桥镇学区化办学核心引领学校。2017 年,学校的"美育创意课程促进文创特色高中建设的实践研究"被确立为区级重点课题,并成功申报成为上海市规划课题。此后,学校不断完善"美育创意"文创特色课程体系。

第三节　结硕果:文创特色建设成果与内容

一、文创特色课程建设的理论基础

在中国,孔子提出"因材施教""兴于诗、立于礼、成于乐""言之无文,行而不远""知之者不如好之者,好之者不如乐之者",蔡元培提出"以美育代宗教",陶行知提出"处处是创造之地,天天是创造之时,人人是创造之人",文创特色教育就是要培养学生"别出心裁"能力的教育。

在外国,德国古典美学家席勒提出"美育"的概念。美国心理学家加德纳提出多元智能理论,强调人的智能具有多元性、差异性。美国著名课程理论家施瓦布提出,学生是课程的中心,学生的需要和兴趣在课程中具有优先性。我国课程专家郭元祥教授也指出,学生是课程的主体。

这些都是学校文创特色课程建设的理论基础。根据马斯洛需求层次理论,尊重学生个性,注重开发学生潜能,以形成学生健全个性为根本目标的教育才是成功的教育。学生的个体差异是课程多样化的根源,学校开发文创特色课程是为了给学生提供多样化的选择,一定程度上满足不同学生的成长需求,为学生的个性化发展提供更大的可能性。

二、文创特色课程建设的主要理念

（一）目标是促进学生个性化发展

由于人的智能结构是多样的，文创素养表现在多元智能的每一个方面，不同的人具有不同的创意潜质，因此"文创"不是少数人的专利，人人皆有审美，人人都有创意，文创素养培育面向全体学生。学校立志打造以"处处有创意，时时可创意，人人能创意"为特征的、能满足学生无处不在的发挥创意的学习环境。

（二）内容上应覆盖三类课程

国家课程中对学校文创素养培育的要求比较宽泛。为了加强校本课程体系建设，我校设计开发了 25 门"美育创意"文创特色显性课程，具体通过三类课程实施，在"以美辅德、以美益智"中激发学生的"美育创意"。学校建设了支持学生职业生涯发展的创意工作坊，让学生在创意类研究型专题学习的基础上，根据生涯规划，自主选择"特长领域"，在工作坊中实现创意表达。学校还开发了文创氛围浓厚的环境建设隐性课程。

（三）实施上采用金字塔模式

学校在开展学生文创特色素养培育的实践中提出了金字塔模式。这种模式强调，文创素养的培育应该面向全体学生，依据学生的智力和心理发展特点，设置不同的发展层级，逐层推进，点面结合，以点带面，让学生从以创意通识教育为主的知识积淀期，过渡到以知识的加深加宽为主的拓展期，最后进入到创意色彩明显的专业发展期。

依据"金字塔"模式，文创素养培育的校本特色课程遵循如下设计思路：在实施的层级方面，遵循普及、提高、深化逐级实施的原则；在实施的课型方面，渗透到必修课程、选择性必修课程、选修课程三类课型中；在实施的时间方面，贯穿高中三个年级，并且文创特色课程课时数应逐年递增。

三、文创特色课程建设的实施策略

文创特色课程建设的实施策略主要包括时间维度和空间维度两方面。

（一）文创特色课程建设时间维度的实施策略

在时间维度上，文创特色课程建设坚持循序渐进的原则，即采取边开发、边实践、边调整、边完善的实施策略。从一开始的美术特色课程建设，到逐步形成美育特色课程，再到美育创意特色课程，进一步到现在完整的文创特色课程群建设，这是一个循序渐进的过程，不是一开始就整体规划而成的。在课程建设实践过程中，学校会根据发展要求和实施情况，不断改进、逐步完善。

（二）文创特色课程建设空间维度的实施策略

在空间维度上，文创特色课程建设坚持校内、校外共同开发的实施策略。学校不仅积极开发内部资源，还主动寻求外部资源。优秀毕业生的资源、高校和科研院所的资源，都有力促进了学校文创特色课程建设。通过把校内、校外资源相结合，学校形成了丰富的课程群。例如，学校内部拥有创意工作坊中的文创特色课程资源，学校外部有上海博物馆特色课程、中华艺术宫特色课程、上海话剧艺术中心特色课程、上海戏剧学院特色课程等。这些文创特色课程促进了学生的发展。

四、文创特色课程建设的呈现形式

学校在教育资源整合开发的基础上，成功创建了"美育创意"文创特色课程，在"以美辅德、以美益智"的校本课程中激发学生的文创意识。

（一）"以美辅德"的校本课程

德育是学校的核心工作，"以美辅德"是学校落实德育工作的一个重要途径。学校用美育引领德育内化，把德育融入美育，把美育作为突破点，从美的角度引导学生理解、分析、判断什么是美和善，引导学生形成健康的审美观。在德育特色建设实践中，学校逐渐形成了"以美辅德，德美一体"的"三自四美"德育特色课程，见图 5-1。学校德育特色课程主要涉及四大板块、四大系列和四大主题，见图 5-2。

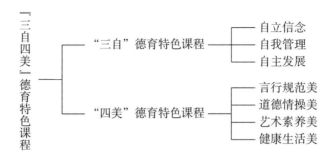

图 5-1　"三自四美"德育特色课程

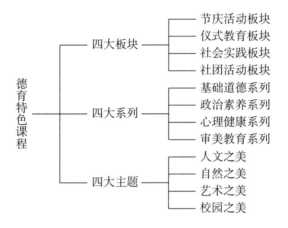

图 5-2　德育特色课程具体内容

（二）"以美益智"的校本课程

自 2006 年起，我校致力于"以美益智"文创特色课程建设的实践研究。根据上海市课程方案及学校的实际，我校对特色课程实施方案进行合理编排，在夯实基础的同时，兼顾了学生的多元发展，同时在教学管理和评价上制定相应的制度来保证特色课程有效实施。我校建设了金字塔形的校本课程，要求"基础型课程人人达标，拓展型课程各展所长，研究型课程人人经历"，最终让学生综合运用美育知识，形成积极的学习态度和良好的学习策略，提高创新能力和实践能力。

必修课程中，学校通过规范美、科学美、策略美、艺术美、和谐美"五美课堂"评价和创意课堂建设改进课堂教学，用美育促进智育、德育、体育的和谐发展，用创意激发学生的潜能,唤醒学生的内在驱动力。选修课程中,学校重点开发了"以美辅德"德育课程、"以美益智"学科拓展课程、"美育创意"自主拓展课程,建设了 25 个特色科目。学校为学生创造各种尝试、体验的机会,让他们认识自我,修复自信,培育自信,养成自信,成就自我。研究型课程中,学校分年级实施"人文学科研究""科学技术研究""社会实践考察"系列课程,落实人文素养、科学精神、社会责任感,促进学生自主发展、持续发展。

通过文创特色课程建设,学校营造了优美、创意、人文的书香校园,成为优质文创特色高中。以下介绍几类文创特色课程和案例。

一是文创拓展型课程。高一年级社团课程包括合唱、阿卡贝拉小组唱、篮球、手球、羽毛球、排球、田径、围棋、趣味理化生实验、心理探秘、绘画、机器人、编程、健美操、创意设计、微电影、服装设计、摄影、播音主持、戏剧表演、动漫、创意音乐、WEB 设计与制作等。高一年级兼报拓展课程包括英语戏剧、古诗文赏析、编导、趣味数学、美术、音乐、田径等。高二年级拓展课程包括英语戏剧、编导与评论、趣味数学、视唱与练耳、读书论坛、古文鉴赏、演讲与主持、美术训练、田径等。高三年级拓展课程包括美术、音乐、编导、播音主持、戏剧表演、摄影、体育等。

二是文创特色课程群。在文创特色课程建设上,学校创建了高中生"3＋X＋3"文创后备人才培养模式。基础性课程保证人人达标后,在拓展型和研究型课程中,添加创意工作坊的实践性课程,侧重培养学生的动手实践能力,增强学生的创新意识。高一年级第一学期涉及文创通识课程(8 课时)和文创课程初级(8 课时);高一年级第二学期涉及文创课程中级(16 课时)。高二年级涉及文创课程高级(16 课时)。高三年级涉及文创专业课程(120 课时)。

三是"美育系列"研究性课题案例。高一年级课题案例包括歌唱古诗词的发声技巧与方法、"打油诗"的古今演变、东西相映的光辉——孔子与苏格拉底、古琴追忆、建筑里的中国文化、中国的科举考试、中国礼乐文化、李白与中国文化精神、闲话江南文化、读书与做人等。高二年级课题案例包括高中校园环境建设调查、城市环境雕塑的现状分析、从石库门看上海城市变迁、动漫电影中配乐的作用、汉代以前的玉器赏析、东北二人转的研究、意大利经典绘画研究、流畅表达出彩对话研究、古人过节文化、多彩民歌初探研究、中国传统花鸟画研究等。

五、文创特色课程建设的相关保障

一是组织保障。学校成立了校长室、党支部领导下的管理网络，完善了项目设计和管理制度，保障项目规范操作、有序推进。学校建立了美育创意特色建设专家组，加强对项目的指导、管理及评价。

二是经费保障。学校健全了项目经费保障和推进奖励制度，筹备了美育创意特色建设专项资金，保障各种美育创意项目的实施，并对实施过程进行评价。

三是技术保障。闵行区"数字化学校"的构建让特色教育插上了科技的翅膀。学校信息化建设设备完善，理念和操作相结合的"数字化校园"基本建成。这为文创特色课程建设提供了技术保障。

四是机制保障。学校构建了各部门责任落实体系，形成了相应的机制，定期研究美育创意特色建设的热点、难点问题。

五是过程监控。在美育创意特色项目实施与推进的过程中，学校组织专家团队对美育创意特色课程实施过程、实施效果等进行监控和评估，为美育创意特色项目的有效实施提供参考意见和建议。

六、文创特色课程建设的突破与推广价值

一是育人模式创新。有别于部分学校的"创新实验班"课程开发实践和尖子生培养模式，我校面向全体学生，创造性地构建了分领域、分层级的文创特色素养培育校本特色课程体系，形成了普通高中特色育人的培养模式。

二是育人内涵创新。文创特色课程既没有把美育泛化，也没有把美育窄化和功利化，而是结合创意，用可视、可感、可用的人文书香校园中的优美环境和创意成果展示平台，用可操作、可落实、可持续性发展的具体课程，培养学生的人文素养、科学精神、审美情趣、社会责任感。

三是高高贯通，孵化创新。我校创造了高中教育与高校培养、社会实践有机衔接的办学模式。我校与国内外 12 所大学的艺术类专业、创意发展园地、创

新人才实践基地建立合作项目,以"请进来,送出去"等模式,探索创新人才培养机制,实现学生的创意梦想。

四是自我发展的再生创新。文创特色课程具有不断自我更新的再生创造性,能够培养师生的想象力和创造力。新生带来新创意,考入大学的学生带来高校的新资源,创业的学生带来新的创意产品,从而形成永恒的创新人才培育循环。

第四节 垄上行:文创特色建设成效与反思

一、文创特色课程建设取得的成效

(一)培育人人成才的幸福校园文化精神

文创特色课程的开发和实施,极大地激发了学生的潜能,培养了学生的自信,满足了学生的个性化需求,取得了令人瞩目的成效。学校涌现了一大批个性鲜明、富有特长且发展后劲足的优秀学生。他们在各个领域成功创业,成就自我,造福社会。全校师生高度认同"美育引领·创意发展"办学特色理念。学校坚持"每位学生各有精彩,做最好的自己"的育人目标,形成了"求真、向善、爱美"的幸福校园文化精神。

(二)促进课堂教学革新,实现减负增效

在课程内容上,学校致力于把更为鲜活的能反映当代科学技术前沿和社会发展的知识引入课程。在教学方式上,学校不断设置更具挑战的学习任务,创设更有趣味的知识呈现方式和更为宽松的学习氛围,更多地采用对话式研讨、案例式分析等更为生动的授课方式,鼓励学生以兴趣和课题为纽带,组成形式多样的学习小组。在教学模式上,学校把"四步八字"教学法上升为创意课堂的实践研究,从理念到行动,从课程到实施,全方位落实文创素养培育目标。在评价方式上,学校形成了灵活多元的评价体系,采用"学分制"评价和绿色课堂五

美评价指标，用发展性指标来分类、分层评价学生，更多关注学生在科技和人文领域的实践能力、创新能力、个性发展情况。在生源没有改变的情况下，学校从不加班加点补课，教学质量稳步提升，高考本科院校录取率显著提高。

（三）文创特色辐射作用显著

中西融合、开放办学，文创特色辐射作用显著。学校现在拥有国内外姐妹友好学校 10 所，每年师生都会通过各种途径开展国内外友好交流活动。学校是国际文化交流项目 AFS 基地学校，近年来，每年都有来自不同国家的学生来校留学。学校也是"视像中国"项目学校，每年和中国香港、台湾等地学校线上交流学习。各种交流活动开阔了师生的视野，丰富了学校文创特色办学的内涵，传播了文创特色办学的实践探索成果。2017 年，学校成为颛桥镇学区化办学核心校，引领全镇 14 所中小幼学校均衡优质特色发展。

二、对文创特色课程建设的反思

一是特色建设空间有待提升。学校多元特色课程设施设备和场地等硬件条件还有不足，需要进一步开发小而精的文创特色项目和课程，以及通过"一室多用"来加强文创特色建设。文创特色项目的推进需要足够的资金保障，才能实现文创特色高质量的持续发展。

二是特色见长的师资队伍受到编制限制。由于 2008 年吴泾中学高中部的合并，学校教师严重超编。这限制了高水平的优秀特色教师的引进，阻碍了学校进一步的高水平特色建设。学校特色教育教学质量还有很大上升空间。

三是特色课程不能完全满足学生的需求。为满足不同学生多元潜能的发掘和培育需求，学校开发了可供学生自主选择的文创特色课程群，但这远远不够，课程内容还需要进一步丰富。学校课堂教学渗透文创特色素养的培育还有很大的空间。

四是校本教研的深度和实效性有待加强。教师的文创特色科研意识和能力发展不平衡，特色科研还要加强。文创特色建设既要注重实践行动，又要注重理论探索和科学研究，这样才能站得高、看得远、立得稳、可持续。

第六章

而今迈步从头越：培育文创素养，创造美好生活

特色普通高中建设，是一项异常艰辛的工作。从现实来看，一所项目学校要想成功被命名，会经历同一特色小组内交流、市级展示，然后才有资格进入评估环节，而评估又分为初评和复评两个阶段，如果两次评估没有通过，则直接回到原点，需要再次申请成为特色建设项目学校，进入新一轮的特色建设环节。所以，特色高中建设的命名之路可谓困难重重。在挂牌了市级特色普通高中后，学校还需要进行持续的特色建设，包括定期举行市级学生特色活动或者特色展示活动等。所以，特色高中建设是一种永不停止的办学追求。

明确特色高中建设的意义和价值，因地制宜、因校制宜、因生制宜、因时制宜，确定特色建设的具体内容，梳理特色建设的路径策略，明确特色建设的核心要素，探寻特色建设的成功之道，然后全校师生知晓认同，并不断坚持和突破创新，才能让特色办学真正成就学生。

第一节　文创特色实践概述

全校上下都明确了以文创为办学特色，做到了思想上的一致，然后就可以在工作实践中落实各项举措。

一、课程建设

课程是学校培养人、发展人、成就人的根本保证。我校把文创素养培育与"三修"课程有机结合，着力构筑满足学生全面发展和个性化发展需要的课程体系。学校分类设计了人文类、艺术类、传媒类、语言类、科学类、体验类等特色课程，分层设计了全校普及型必修课程、兴趣型选修课程、专业型提升课程，用课程来培养学生的创造力、想象力、探究力。学校的课程集人文底蕴、科学精神、审美情趣、创新意识、设计能力于一体，让每个学生各得其所。学校既确保国家课程高质量实施，又结合文创特色育人目标校本化实施，关注学生个性化发展需求，形成了较为合理的学校文创特色课程图谱。13门慕课在互联网上共享，拓展了学校特色素养培育的时空。

二、师资队伍建设

我校培养了美术、戏剧、编导、摄影、音乐、主持、演讲等领域的文创特色教师，确保学校特色课程的开设。对于创意工作坊的特色课程，学校会邀请行业精英来领衔授课。以动漫创意工作坊为例，为了让学生设计的人物面部表情更生动，学校邀请参与过多部国际影片制作的迪士尼动画大师欧蕾教授用真实案例来给学生讲解。为了把微笑表情讲透，他给学生上了好几节"医学课"。来自瑞士的品牌设计大师白福瑞、来自英国的服装设计大师葛特丽、世博会巴西国家馆总设计师龙百度、以色列生态建筑大师渡堂海等都来校给学生上过课。专家带来的国际视野，有力提升了田园师生的眼界。

部分校友会兼任助教。获得美国西雅图国际电影节动画电影创意奖的

2008 届毕业生张依依、获得上海市摄影比赛一等奖的 2012 届毕业生王晓莱……他们带着对母校的感恩,来反哺学弟、学妹。学校全方位支持特色教师外出进修培训,支持文创人才引进;采取分层分类培养措施,促进骨干特色教师再成长。韩磊老师出版了《邂逅戏剧》一书;郑昕涯老师获得了上海市中小学微电影节最佳导演奖、制作奖;付宗亮老师带领辩论社获得了闵行区冠军、上海市亚军的好成绩。创意工作坊的 10 位教师还编写了专业的学习手册和教学用书。

三、学习方式变革

我校特色课程教学大多采用 PBL 项目式学习方式,这是一种基于情境,学生主动、合作、探究完成任务的学习方式。学生从一个需要解决的问题出发,在情境中开展探究活动。读书节、美育节、文化节、科技节、体育节、班主任节、金葵花颁奖典礼等经典活动中,工作坊的学生都参与了设计、策划、宣传。这有助于培育学生的创造力和设计力。

学校搬迁至新校园初期,环境建设相对薄弱,这为学生提供了文创实践的真实舞台。"我的文创博物馆"作品征集展览活动,展示了学生富有创意的文创作品。校内的笑脸墙、校外的文化墙、校服都由学生参与设计。动漫创意工作坊的学生用动画来表现社会主义核心价值观。在班主任节,学生为班主任定制的 Q 版漫画形象,活泼可爱,生动俏皮,饱含了对教师的喜爱,也体现了学生的创意潜能。

四、课堂改进和评价改革

我校紧紧围绕文创特色高中建设,确立了"学生主创、教师启创、教材再创、媒介助创"的创意课堂教学基本理念,明确了创意教学策略,提出了课堂教学过程创意设计、提问创意设计、板书创意设计、作业创意设计、评价创意设计等具体要求,制定了《学科渗透文创素养培育教学实施方案》《学科落实文创素养校本化实施指南》《学科落实文创素养任务分解表》等。学校持续推进教学范式改革,规范课堂教学基本流程;依托信息化平台,建立听课评价体系;依托创意课堂建设,引导教师转变教学方式,提升课堂教学效益;加强学业质量管理,坚持

"作业月"机制，切实减轻学生的学习负担；实行走班制，积极探索新型教学组织形式和运行机制；在学生分班、评价上落实分层分类，形成满足学生个性化发展需求的教学模式。其中，"转变学生学习方式，提升学生思维品质"成为上海市第三轮课程领导力项目研究课题。

我校改变单一的评价方式，注重教师对学生的赏识评价、学生真诚的自我评价、学生的相互评价、学生对教师的反馈评价、家长对学校的满意度评价等，鼓励、表扬师生的创意想法和做法。

五、机制创新

我校专门成立了"文创发展中心"，负责学校文创特色建设工作。这完善了学校的行政建制，也为文创人才孵化开辟了直通车，让有个性、有创意的文创后备人才能够得到更专业的指导。音乐创意工作坊、戏剧表演工作坊的师生多次参与"中国上海国际艺术节"的活动。微电影创意工作坊的师生多次为上海市教育委员会教学研究室、闵行区教育局和社区、兄弟学校拍摄微视频，广受好评。

六、校内外资源利用

学校拥有由家长、校友、教师、社会服务机构人员等组成的志愿者队伍，拥有丰富的高校资源，为学生特色发展提供了有力的支持。我校与多所高校建立合作关系，与上海爱乐乐团、上海音乐厅、中华艺术宫、上海博物馆、上海话剧艺术中心等文化专业机构建立了紧密的联系，还与区域内五大市级文创园区、颛桥文化中心、上海吕凉戏剧艺术发展中心、光华路文创产业区等建立了良好的共建关系，挂牌成为"戏剧学院综合艺术教育研究基地""国学教育传习基地""文创人才培养实验基地"。学校开发了"创意通识课""大学考察体验课""行业体验课"等生涯辅导课程，努力探索文创人才培养的高中育人模式。

七、示范辐射

我校是闵行区首届美育联盟（戏剧）盟主校、闵行区高中生辩论赛主办校、颛桥镇学区化办学牵头校。自成为上海市特色高中项目校以来，我校已经接待了近万人次的来访。我校开设的各类非英语课程,让学生有了运用多种外语讲好文创故事的机会。我校组织的文创夏令营,参与人员众多。我校在展现文创办学特色和特色办学成果的同时,积极贯彻落实紧密型学区建设和集团建设的要求,真正做到了空间共享、课程共享、素材共享,促进了区域内学校的特色发展、优质发展。优良的校风、特色的课程、优质的办学质量,让我校赢得了社会的赞誉、同行的认可。多家媒体都专题报道了我校的办学实践成果。

八、特色办学成效

学校注重特色办学、多元评价,促进了学生的个性化发展。通过三年培养,我校绝大多数学生能够进入本科院校继续深造,文创特长学生中很多是文化成绩和专业成绩双踏线被本科院校录取的。在生源没有根本改变的情况下,学校不加班加点补课,也不随意增加课时量,但教学质量稳步提升。学校多次得到闵行区教育局嘉奖。这有力说明了特色素养培育能够促进学生全面发展。

文化创新是推动社会发展的重要力量。把文创作为办学特色,培育学生的文创素养,进而提升学生创造美好生活的能力,有其时代性、适切性!

第二节 文创特色未来思考

普通高中教育是我国教育体系的重要组成部分,在人才培养中发挥着承上启下的关键作用。2019 年 6 月,《国务院办公厅关于新时代推进普通高中育人方式改革的指导意见》(国办发〔2019〕29 号)发布,这是一份推进普通高中教育改革的重要纲领性文件,具有鲜明的时代特点。

2021 年 12 月,教育部印发了《普通高中学校办学质量评价指南》(以下简称《指南》),明确指出,评价内容包括办学方向、课程教学、教师发展、学校管理、学生发展等方面,共 18 项关键指标和 48 个考查要点。《指南》强调,要以习近平新时代中国特色社会主义思想为指导,全面贯彻党的教育方针,遵循教育规律和人才成长规律,加快建立以发展素质教育为导向的普通高中学校办学质量评价体系；要坚持正确方向、育人规律、深化改革、以评促建，全面提高普通高中学校办学质量。

《指南》提出了四个基本原则：（1）坚持正确方向，坚持社会主义办学方向，践行为党育人、为国育才使命，树立科学教育评价导向，推动构建德、智、体、美、劳全面培养教育体系，促进普通高中教育高质量发展；（2）坚持育人规律，适应高中阶段学生成长特点，引导学校丰富课程体系，发展学生核心素养，增强学生综合素质，促进学生全面而有个性的发展；（3）坚持深化改革，突出问题导向，完善评价内容，改进评价方式，深化普通高中课程改革和高考综合改革，着力克服"唯分数、唯升学"倾向；（4）坚持以评促建，坚持实事求是、客观公正，强化过程评价和增值评价，有效发挥引导、诊断、改进、激励功能，引导办好每所学校，促进普通高中多样化有特色发展。

学校应积极贯彻落实党和国家对于高中办学的指导性文件要求，不断完善学校内部治理，规范招生办学行为，加强校园文化建设，强化学校内部管理，优化教学资源配置，充分激发办学活力，努力形成办学特色，办好人民满意的教育。学校应坚持综合评价与特色评价相结合，在关注全面育人整体成效和学生德、智、体、美、劳全面发展情况的同时，注重差异性和多样性，关注学校特色发展和学生个性化发展情况。

一、坚持五育并举，着力特色培育

围绕"双新"的实施，结合"上海市特色普通高中"的定位，学校坚持"五育并举"，着力培育学生的核心素养和特色素养。学校不仅在选修课程中落实特色素养培育，还在必修课程和选择性必修课程中融入特色素养培育。学校通过文创特色建设，培养学生的必备品格，使其具有让社会更美好的责任担当；培育学生的关键能力，使其具有一定的创意策划能力。学校引导学生树立正确的价值观，鼓励学生自主发展，积极参与社会生活。

二、立足创意课堂，持续改进教学

课堂是实现立德树人根本目标的主阵地，也是特色育人的主阵地。课堂教学质量直接决定了特色育人的质量,学校只有立足创意课堂,持续改进教学,坚持情境体验、审辨想象、文化理解、创意表达、审美情趣的创意课堂教学要求,才能培育学生的核心素养和特色素养,进而实现培养创新型后备人才的特色育人目标。

三、未来学习中心,实现智慧教育

学校抓住闵行区"智慧教育示范区"建设的机遇,充分利用人工智能和大数据,通过线上线下教学融合,不断丰富网络课程资源,拓展学生培养的时空。学校借助未来学习中心,实现智慧教育。学校收集学生高中生活中的相关数据,为学生生涯发展提供较为精准、科学的依据,促进学生发展。

四、内培外引并举,持续优化师资

学校着力培养一支师德高尚、业务精湛、结构合理、具有深厚美育素养和较强创新意识、专兼结合的教师队伍。学校注重择优引进教师,不断充实和扩大特色师资队伍。学校希望通过让教师改变教学方式,来引领学生改变学习方式。学校希望教师用自己的言传身教,来引领学生良好发展。

五、课题研究引领,探索机制体制

在特色建设持续推进过程中,学校遇到的困难会越来越多,可借鉴的经验会越来越少。因此,学校必须探索建立一套行之有效的特色建设体制,完善可持续发展的机制。学校利用参与市级课题"基于上海市特色高中创建,推进学校创意课程建设的实践研究"和"多样化背景下普通高中优质特色的生成机制研究"的机会,结合北外文创研究院资源以及多语种的优势,把多语种背后的多元文化理解作为文化创意突破点和创意点,形成了行之有效的操作体系。

六、与时俱进创新,丰富特色内涵

根据国家和地方经济发展的需要,学校结合实际,在学生综合素养评价中增加文创特色内容,助力学生特色发展。学校每年组织的文创夏令营、冬令营、集训营及各种研学项目,吸引了区域内外不同年龄层次的学生和教师参与。

特色普通高中建设是提升学校发展水平的一项重要工作,我们会与时俱进,再接再厉,在各级领导关怀、各方专家指导、各类兄弟学校支持帮助下,汲取特色展示学校和特色挂牌学校的有益经验,奋发努力,实践创新,努力把田园建设成一所高品质文创特色高中。

为此,田园师生将持续努力,不断奋斗,不断超越!

以下从专家视角呈现田园的发展情况。

专家视角一

文创特色是对美好生活的构思设计

我长期从事教育工作研究,对于田园的发展,我想从办学和育人两方面谈谈自己的感想。

一、办学方面

从具体办学来看,田园确实做了很多工作。我认为,有三方面做得非常好。

第一,田园把文创教育作为一个系统工程。田园的文创教育有三层结构,每一层都有相当丰富的内容。在组织上,从校长到中层领导再到教师,责任、分工都非常明确。田园高度重视文创教育,并把它作为一个系统工程,这样才能把工作做好。

第二,田园的活动都是以学生为中心的。大家可以看到,田园的特色培育内容大多是源于学生的,这一点是非常重要的。我有几十年的教学经验,我在教学的过程中发现,学生的思维是非常活跃的,他们思考出来的内容是非常丰富的,所以,与其教学生怎么做,不如把学生放在一种环境中,让他们产生自己的想法,把自己的创意表达出来,这是一种非常好的办学方法。

第三,田园有非常丰富、优质的资源。田园借助国内外的优质资源,来提升学校教师的教学水平,进而促进学生的发展。试想一下,如果田园处于一种比较狭窄的空间(这里指的是文化空间、思维空间)中,那么,学生能学到的东西会极为有限。现在,田园的学生是在一个无限广阔的文化空间、思维空间中成长,未来的发展情况一定会有所不同。

二、育人方面

从育人角度来看，田园既有美育引领的方针，又有文化创意的设计，还有对美好生活的构思。这一点，我非常欣赏。工作上，我擅长科学工程领域的研究，生活中，我喜欢进行一些社会科学、设计美学方面的研究。在我看来，"美"涉及很多方面，它不只是色彩和形状，还可以是从某一过程中生发的美的感受。比如，你关注某一种数学理论，你可能会体会到，这种数学理论非常美。如果你觉得一种事物很美，下一步，你可能就会去追求美。而追求本身是人坚持下去的一种信念、一个动力。所以，有了审美的能力，你才能有对美的追求，这种追求会促使你思考、想象、创造。有研究者认为，人类存在的目的是思维。如果没有追求的话，人往往是不会去思维的。

田园非常注重创意设计。我本人也非常注重设计研究和设计教学。设计非常重要。斯坦福大学的设计学院专门把设计作为一个分支。设计的一大前提是设计者设定了一个目标。这个目标可能是"设计一个产品"，也可能是"追求美的事物"。设计领域的课程教你什么呢？它让你知道如何通过实践实现目标。目前，许多国际知名大学都设立了设计学院，但一些设计学院并不颁发学位证书。学文科的学生、学理科的学生都可以到设计学院来学习。大家学什么呢？学的是思维的方法。很多设计大师带给学生的是方法论，是他们的视野和对生活的追求。他们希望传递给学生的是这些东西。

田园激发了学生对美好生活的思考和追求。你先要有审美的概念，然后才能实现对美好生活的思考和追求。只有创设了思考的环境，提供了思考的机会，你的思考才能继续下去，变得深入。在思考的过程中，想象力是非常重要的一个部分。有人认为，想象力甚至比知识还要重要。所以，有了好的设计习惯，有了对美好生活的思考和追求，你的想象力就有可能被激发出来。从这个层面来看，文化素质教育非常重要。

我很幸运，能看到田园有这么大的进步和成就，也非常感谢有这个机会能和大家一起议论，谢谢。

（上海视觉艺术学院客座教授、美国南加州大学教授　金雁）

专家视角二

文化创意特色教育是有意义的学习

田园给了我一种非常美的感受。进入主会场,映入眼帘的就是灿烂星空,如梦如画。在这种充满创意的氛围里,我有很多感想。

1. 田园着力打造文创素养品牌,正当其时

我们处于大众创业、万众创新的时代,这是国家号召的。上海市把创新驱动、转型发展作为城市发展的战略。具体到教育,我们提出要培育学生的核心素养,促进学生全面发展和成长。田园文创素养培育的实践,其实很好地体现了教育和教学的转型。这种转型是依靠不同的创意设计来实现的。比如,戏剧编导让学生成了导演和艺术家,服装设计让学生成了设计师。文创特色教育驱动了学生四方面的学习。第一,文创特色教育驱动的是有意义的学习,而不是机械的学习。通过文创特色教育,学生不仅学到了知识,还愉悦了身心,升华了情感。第二,文创特色教育驱动的是有体验感的学习。它让学生透过书本,看到了诗和远方。第三,文创特色教育驱动的是自主的学习。在学校组织的文创教育活动中,学生自主学习、自主发展。第四,文创特色教育驱动的是有深度的学习。在田园的课堂中,学生是主动创造者。他们进行的不是浅表的学习,而是有深度的学习。

2. 田园的概念解析切中关键,层次分明

田园师生很好地解析了文创素养。田园的文创素养既包括人文底蕴、科学精神,又包括审美情趣、社会情怀。人文底蕴和科学精神共同构成了田园师生的文化基础。学生只知道知识还不行,还要有设计的能力。在我看来,设计就是一种表现和表达,隐含着设计者的审美情趣。设计者设计的产品有什么意义和价值? 这就涉及社会情怀,也就是陆校长提到的美化生活、服务社会、贡献国家。在这样的社会情怀引领下,我们做的一切才有意义。除此之外,田园还提取了学校发展的文创基因,进一步精准地引领学校朝着正确的方向发展。

3. 田园的发展历程中有很多关键点

田园在 2005 年就提出了"美育引领·和谐发展"的特色办学理念,在实践的基础上,又提出了"美育引领·创意发展"的新发展阶段特色办学理念。通过这些年的发展,我们能够看出,田园的初心没有变,田园直到今天仍在坚持美育的办学底色。同时,田园也在与时俱进。田园以创意为特色,以创意为重点,自主创造美的东西。田园以情怀为目标,时刻不忘服务社会、贡献国家的责任与使命,一步一个台阶。

4. 田园的课程实施有序推进

田园探索了金字塔形的课程模式。第一,田园要在每一个学生内心播下文化创意的种子,让他们了解和亲近文创。在这个阶段,培养的是学生对文创的兴趣。第二,田园要让每一个学生参与文创活动,让他们通过亲自动手实践、创造来理解文创内涵,享受文创生活。在这个阶段,培养的是学生的文创能力。第三,田园要让学生的文创素养落地生根。如果有重大比赛,就让学有专长的学生积极备赛,认真比赛,脱颖而出。学生可以对文创学习过程发现的一些问题进行专题研究,以文创促进自身的专业发展。在这个阶段,培养的是文创人才,满足的是部分学生的个性化发展需求。

5. 田园的师资力量逐渐雄厚

为了承担服务社会、贡献国家的责任与使命,田园造血和输血双管齐下,打造了一支过硬的师资队伍。一是通过校本研修,让每位学科教师认同文创素养培育的价值和意义,并自觉在课堂中践行。通过每周研课、每月展示、每学期盘点,学校把文创素养培育落到了实处。二是通过专项培训,提升教师的文创素养。田园多次组织考察、交流、学习活动,让教师走出去,开阔眼界。田园组织的文创特色活动,既培养了学生,又培养了教师。教师的素养提升了,最终获益的还是学生。三是探索了绩效评聘制度,用制度来推动教师的发展。四是引入外部优质资源。田园与文创领域的许多机构形成了战略合作伙伴关系,引入了外部优质资源,充实了兼职教师队伍。

田园的探索取得了良好的成绩。田园用成绩向大家证明,它能够承担起文创特色育人的职责。第一,通过特色素养培育,田园实现了高考本科院校录取率的逐年提升。第二,通过特色素养培育,田园获得了很多有含金量的专业奖项。第三,通过特色素养培育,田园培养了一批有发展潜力的文创人才。很多优秀毕业生走上了自主创业的道路。第四,田园培养了一支优秀的师资队伍,得到了社会的认可。

我希望,田园能够如领头雁一般,继续发挥辐射引领作用。

(上海市教育科学研究院研究员　胡庆芳)

参考文献

[1] 吕成冬.他日归来:钱学森的求知岁月[M].杭州:浙江科学技术出版社,2019.

[2] 哈佛委员会.哈佛通识教育红皮书[M].李曼丽,译.北京:北京大学出版社,2010.

[3] 钟启泉,崔允漷,张华.为了中华民族的复兴,为了每位学生的发展——《基础教育课程改革纲要(试行)》解读[M].上海:华东师范大学出版社,2001.

[4] 仇春霖.大学美育(第二版)[M].北京:高等教育出版社,2005.

[5] 胡家祥.审美学[M].北京:北京大学出版社,2000.

[6] 谢小庆.审辩式思维[M].上海:学林出版社,2016.

[7] 顾江.长三角文化产业发展蓝皮书[M].南京:江苏人民出版社,2021.

[8] 周钰庭.文创地图:文化创意产业的经营路径[M].北京:现代出版社,2020.

[9] 陈建勋.全球科创中心建设新思维:基于上海科创建设的理论与实证研究[M].上海:上海交通大学出版社,2018.

[10] 黄坤锦.美国大学的通识教育:美国心灵的攀登[M].北京:北京大学出版社,2006.

[11] 皇甫林晓.我国普通高中特色发展的现实困境及提升路径[J].当代教育科学,2020(1).

［12］郑振勤.普通高中教育使命的新争鸣［J］.教育实践与研究(B),2012(11).

［13］朱丽.它们何以称为"特色普通高中"——基于上海市四所特色普通高中评估结果的分析［J］.上海教育科研,2019(9).

后记

《萌芽》杂志上有一篇文章，谈到"教育美"与伦理价值的关系。我认为，教育的目标不止于"美"，还涉及正确价值观的树立，进而形成一些新的认知。

这篇文章还提出了"亲自生活"的概念。它强调沉浸式的生活，而不是临时进入、为完成一些任务、应付着过的"生活"。由"亲自生活"，我想到了"亲自受教育"的问题，因为确实有一部分学生，他们坐在教室里，好像不是为了来接受教育，而是为了来完成任务。如果是"亲自受教育"，他们就会时时把自己放到主动学习者的位置，主动接受教育，进而取得好的学习效果。

这一段时间的阅读和思考，使我可以把书上的论点与自己的实践联系起来，思辨想象，批判吸收，融合理解，再实践深耕，深化过去的一些育人思想。

还有一个让我很受教育的例子。在北京冬季奥林匹克运动会开幕式演出中，邓小岚带着河北省保定市阜平县马兰村的 44 个孩子组成"马兰花合唱团"，用希腊语演唱了《奥林匹克会歌》。这让我感到震撼。从教师角度看邓小岚，她退休后，按照父母遗愿，到阜平县马兰村小学义务支教。正是有了邓小岚的无私奉献，太行山中的孩子才能在这样的大舞台中无拘无束、极其生动感人地畅怀歌唱，让天籁之音回响在鸟巢、回响在全世界观众的心上！我看重这个例子，是因为这里建立了"亲自教育"和"亲自受教育"的新型关系，并且有了突出的成效。我觉得这个例子中值得思考的不仅包括音乐和艺术教育，还包括励志教育、儿童潜能激发等。总之，教育是有温度的。

作为校长，我认为，在教育资源无比丰富的时代，我们应该打造"善存"性质的学校品牌。所谓"善存"，是指我们的教育资源和教育内容是复合的，其中有各种有益的成分，既能滋养师生，又能提升学校的教育水平。

于是,我又联想到了"一所学校的能力"。罗永浩认为:"能力不是我们拥有的东西,是我们的需要、结果和行动这三面镜子映照出来的自己的样子。""一所学校的能力",不只是校长的能力,更是学校把师生凝聚在一起的力量,是学校全员知行合一的执行力,是学校按照明确的育人理念、共同的办学愿景统一行动的文化整合力。

从 2003 年建校至今,我和同事一起撰写了六份发展规划,分别是《为每一位师生创设发展的空间(2004—2006 三年发展规划)》《美育引领·和谐发展的学校教育——创建闵行区首批实验性示范性高中规划(2007—2009 三年发展规划)》《美育引领·和谐发展——建设人文、绿色、和谐的幸福校园(2010—2012 三年发展规划)》《美育引领·创意发展——争创上海市特色高中建设项目校(2013—2015 三年发展规划)》《文创,让生活更美好(2016—2020 五年发展规划)》《培育文创素养,创造美好生活(2021—2025 五年发展规划)》。我们按照规划,列出每学年、每学期的计划和每月、每周的工作安排,逐步推进。

有了全体"田园人"亲自撰写并实践着的这六份发展规划,学校从一所薄弱的新办农村中学,发展成了区级实验性示范性高中和上海市特色高中建设项目校,实现了"普通高中不普通育人"的办学理想,达成了优质高中的办学目标。学校还将持续向高品质特色高中的办学目标迈进!

这里,我想强调的是"亲自办教育"。我们聆听过专家的报告,我们学习过各类文件,我们剖析了许多教育同仁的先进办学理念和办学实践……这些都有力地助推了学校的快速、优质发展。但是,这些都是外因,实实在在的是,我们全体教职工"亲自办教育"。我们一起研究学校管理文化,建设校园环境;我们一起参与讨论,制定各项规章制度、发展规划;我们一起分析和研究学生,开设特色课程,持续推进课堂教学改革,探索数字化校园建设和现代后勤服务等。我们一步一个脚印,用汗水和智慧,用认真的态度和科学的知识,在田园亲自躬耕,实现了"花开蝶自来"。在这里,我要衷心地向全体教职工道声感谢,向他们表达深深的敬意!

"亲自受教育"方面,我也深有体会。2004 年,我从上海市首批实验性示范性高中七宝中学,调任到田园高中任校长。一路走来,我从一名满怀教育理想和激情的青年校长,逐步成长为一名教育理想和情怀依旧,理性思考和务实行动能力不断增强,不断走向成熟的校长。这一段时间,国家对教育的要求、社会发展对人才的要求、家长对孩子成长的要求等都有一定的变化,学校所处的地域文化、教师队伍、生源结构、学校规模和定位、班子成员等都有很大的变化,以上这些都让我"亲自受教育",让我不断反思、实践、探索、再反思、再实践、再探索……

在这里,我还要充分表达自己的感激之情。

衷心感谢国家和上海市人民政府、上海市教育委员会、闵行区政府、闵行区教育局各级领导重视教育,重视特色高中建设。有了你们的重视,才有田园今天的发展局面。非常感谢上海市特色高中创建小组的全体专家,有了你们一次次到校实地指导,一次次提出意见和建议,我们才有底气、有勇气、有志气大胆实践和勇敢探索。感谢上海市教育评估院的各位专家,你们每次的评估都是对学校发展的诊断和指引,让我们突破了一个个重难点,站在了新的起点。

衷心感谢我的同事们,在特色高中建设的路上始终和我并肩作战,一起迎接挑战和困难,一起担当压力和挫折。本书是我们办学历程中一个阶段性总结,是我和同事们一起奋斗的过程性记录,也是对同事们付出辛劳汗水和进行智慧创造的一个交代。坚信我们最终一定能够共享成功的喜悦,并充满希望地迎接更加美好的未来。

在本书成稿过程中,上海视觉艺术学院文化创意产业管理学院原副院长谢海泉教授给予了我充分的鼓励、帮助和指导;我的同事,语文高级教师、闵行区学科带头人李卫华老师,在最后的文字统稿和校对上给予我帮助;文创办公室负责人吴玉琳老师,教务处屠文娟、杨俊、孟雯等老师,学生发展中心朱虹、汤如辰等老师在文字和图片方面给予我支持,在此一并致谢!

最后,衷心感谢上海教育丛书的领导、编辑。有了你们的悉心指导和鼎力相助,我们的特色办学实践探索才能以书籍的形式呈现出来,并在一定范围内与同行相互交流、学习借鉴。

我们田园人,作为"亲自办学者",仍会不懈思考和实践、创新和突破,为实现更好的教育而努力!

陆振权

2023 年 2 月

图书在版编目（CIP）数据

创意素养培育的田园探索 / 陆振权著. —上海：上
海教育出版社，2023.4
（上海教育丛书）
ISBN 978-7-5720-1925-8

Ⅰ.①创… Ⅱ.①陆… Ⅲ.①高中－办学模式－研究
－中国 Ⅳ.①G639.2

中国国家版本馆CIP数据核字(2023)第064630号

责任编辑　杜金丹
封面设计　陆　弦

上海教育丛书
创意素养培育的田园探索
陆振权　著

出版发行　上海教育出版社有限公司
官　　网　www.seph.com.cn
地　　址　上海市闵行区号景路159弄C座
邮　　编　201101
印　　刷　上海景条印刷有限公司
开　　本　700×1000　1/16　印张11.5　插页3
字　　数　183千字
版　　次　2023年4月第1版
印　　次　2023年4月第1次印刷
书　　号　ISBN 978-7-5720-1925-8/G·1731
定　　价　46.00元

如发现质量问题，读者可向本社调换　电话：021-64373213